买车不纠结

33道选择题专治选择焦虑症

郝国舜 著

买什么车，对很多人来说是一个难题。每个人都有自己的品牌倾向，有自己的用车习惯，有自己的驾驶习惯，针对每个人可能都有适合他的不同的车。同样的，市场上任何一款车都有其存在的理由，没有最好的车，只有最适合的车。买车时面对的选择就像是向左走还是向右走，很多人都陷入了选择困难甚至选择焦虑的状态。贯穿本书的33个问题，都是挑选车型的你心存疑惑的问题。本书就结合这些问题，揭示其中包含的延伸知识，展示作者分析此类问题的方法论。掌握了这些知识和方法，你自己就会成为周边朋友买车时的意见领袖。

图书在版编目（CIP）数据

买车不纠结：33道选择题专治选择焦虑症 / 郝国舜著. —北京：机械工业出版社，2019.12

ISBN 978-7-111-64525-2

Ⅰ. ①买…　Ⅱ. ①郝　Ⅲ. ①汽车 – 选购 – 基本知识　Ⅳ. ① F766

中国版本图书馆 CIP 数据核字（2020）第 011105 号

机械工业出版社（北京市百万庄大街22号　邮政编码100037）
策划编辑：徐　霆　　责任编辑：徐　霆
责任校对：陈　越　　封面设计：马精明
责任印制：孙　炜
北京利丰雅高长城印刷有限公司印刷
2020年3月第1版第1次印刷
148mm×210mm · 7.5 印张 · 224 千字
0 001—3 000 册
标准书号：ISBN 978-7-111-64525-2
定价：59.00 元

电话服务　　　　　　　　网络服务
客服电话：010-88361066　机　工　官　网：www.cmpbook.com
　　　　　010-88379833　机　工　官　博：weibo.com/cmp1952
　　　　　010-68326294　金　书　网：www.golden-book.com
封底无防伪标均为盗版　机工教育服务网：www.cmpedu.com

前言

这本书中所说的大实话,不一定是销售顾问会告诉你的,但希望能抛砖引玉,促进你冷静地思考适合自己的买车之道。

我在专业汽车媒体工作十多年,最怕被人问的问题就是应该买什么车。每个人都有自己的品牌倾向,有自己的用车习惯,有自己的驾驶习惯,那么针对每个人可能都有适合他的不同的车。同样的,市场上任何一款车都有其存在的理由,汽车行业已经过了百年优胜劣汰,没有最好的车,只有最适合的车,这完全不是托辞。

如今,网络上充斥着各种嘈杂的信息,同一款车,有一百个正面报道,也有一千个负面抨击,其中不乏厂家的软文,更不乏水军作梗,一个理智的消费者要如何从中抽丝剥茧找到适合自己的车呢?

买车时面对的选择就像是向左走还是向右走,很多人都陷入了选择困难甚至选择焦虑的状态。贯穿本书的正是我的两个"朋友"提出的33个问题:一个是小左,宅男,精于算计,朝九晚五的生活在外人看来很乏味,但他却很享受这种简单的生活;另一位是小右,他得算是懂车之人了,喜爱开车东游西逛,在工作中也要经常开车跑长途,但即便如此也不能满足他那"浪荡"之心,这样的人没有车简直就是没了命。

小左和小右的问题无疑也是正在挑选车型的你也心存疑惑的问题,本书就结合这些问题,揭示其中包含的延伸知识,展示我分析此类问题的方法论。掌握了这些知识和方法,你就会成为周边朋友买车时的意见领袖。

好了,下面开始回答问题。

目 录

前言

第 1 部分　买车之前想清楚

问题1：买还是不买　　1

- *1.1*　汽车是不是刚需？ 2
- *1.2*　买车不一定能让你更便利 3
- *1.3*　不买车肯定让你更不便利 6
- *1.4*　总结：趁现在能买就赶紧买 8

问题2：买新车还是二手车　　9

- *2.1*　省钱是二手车的硬道理 9
- *2.2*　买二手车就是拼人品？ 10
- *2.3*　买二手车的好处，就是能让你开个修理厂 11
- *2.4*　新车和二手车的省钱经济学 12
- *2.5*　买新车也不省心 13
- *2.6*　总结：新车旧车都有坑 14

问题3：买进口车还是国产车　　15

- *3.1*　进口车高质高价 15
- *3.2*　进口车维修保养是短板 16
- *3.3*　国产车型接地气的不同阶段 17
- *3.4*　进口车型配置不一定符合胃口 19
- *3.5*　原汁原味的调校你真喜欢？ 20
- *3.6*　个性化车型多进口 21
- *3.7*　总结：好东西就要付出代价 21

问题4：买大车还是小车　　22

- *4.1*　多大算大？多小是小？ 22

目 录

4.2 汽车按尺寸分为不同的级别 23
4.3 关于大与小的误解 23
4.4 日系车内部空间为什么总是更大？ 25
4.5 关于座椅数量的2、3、4、5、6、7 26
4.6 总结：掌握大小的分寸 29

问题5：买三厢车还是两厢车　　　　　　　　　　　　30

5.1 何为三厢？何为两厢？ 30
5.2 谁说两厢小钢炮不吸引眼球？ 32
5.3 还有三厢情结？ 33
5.4 空间上谁更实用？ 34
5.5 总结：意愿还是愿意？ 36

问题6：买轿车还是SUV　　　　　　　　　　　　　　37

6.1 到底谁生产了第一辆SUV？ 38
6.2 城市SUV与硬派越野的本质区别 40
6.3 SUV更安全？ 41
6.4 根本就不运动的运动型多功能车 42
6.5 高利润的SUV是消费者和厂家都喜欢的产品 44
6.6 总结：按需出发 45

问题7：买豪华品牌还是普通品牌　　　　　　　　　　46

7.1 汽车品牌的三六九等 46
7.2 豪不豪华谁说了算？ 47
7.3 豪华品牌"豪"在哪里？ 48
7.4 豪华品牌背后的故事 50
7.5 要豪华就要付出代价 52
7.6 总结：门要当户要对 53

问题8：买"鸡头"还是"凤尾"　　　　　　　　　　54

8.1 鸡头凤尾，根本就是厂商挖的坑 54
8.2 鸡头凤尾根本就不是二选一的问题，而是预算不断上涨 56

- **8.3** 鸡头凤尾该如何选? 56
- **8.4** 汽车性能的那些数据如何解读 58
- **8.5** 问题还远没有结束 59
- **8.6** 总结:预算和预期一定要坚定 59

问题9:买"烂大街"的车还是"小白鼠"车　　　61

- **9.1** 新老更替的潜规则你还不了解? 61
- **9.2** 没有历史才是真正的不成熟 62
- **9.3** 新技术更新越快,老款车越不值钱 64
- **9.4** 经济性的要求让动力系统改进迅速 64
- **9.5** 主动安全的革命性进展 66
- **9.6** 汽车在慢慢变成移动的计算终端 67
- **9.7** 总结:买新不买旧 68

问题10:买传统燃油车还是新能源车　　　69

- **10.1** 如何向新能源车过渡? 69
- **10.2** 纯电动车可不是新鲜技术 71
- **10.3** 纯电动的时代到来了吗? 72
- **10.4** 总结:可以吃螃蟹,但不做小白鼠 74

问题11:买深色还是浅色　　　75

- **11.1** 给颜色起名就显得有文化? 75
- **11.2** 颜色真与安全有关 76
- **11.3** 各品牌有自己的保留色 77
- **11.4** 各国汽车的传统色因何而来? 78
- **11.5** 别只看外观,车内的颜色才是天天见 79
- **11.6** 你知道还有用颜色来区别身份的吗? 80
- **11.7** 总结:主要看气质 81

目 录

第 2 部分　破解神秘配置表

问题12：买大排量还是小排量　83

- 12.1　什么是大？什么是小？　84
- 12.2　气缸数减少更关键　84
- 12.3　大排量向何处去？　85
- 12.4　小排量的动力能有多强？　86
- 12.5　大排量躲不开的进口税费　88
- 12.6　排量绝不是越小越好　89
- 12.7　总结：跟着主流走　90

问题13：买自然吸气还是增压　92

- 13.1　所有的情结都可以舍弃　92
- 13.2　涡轮增压和机械增压有何不同？　93
- 13.3　增压时代尾部标识的游戏　96
- 13.4　小排量增压车型省油的本质原因　98
- 13.5　增压车型没有自吸车型好开？　100
- 13.6　涡轮增压车型的注意事项　105
- 13.7　总结：尽管去体会涡轮的乐趣　106

问题14：买手动档还是自动档　107

- 14.1　手动档的乐趣你还能体会得到吗？　107
- 14.2　档位越来越多的自动变速器（AT）　108
- 14.3　双离合变速器（DCT）　110
- 14.4　无级变速器（CVT）　112
- 14.5　手动档车才可以玩的独特项目　113
- 14.6　手自一体，鱼和熊掌兼得　114
- 14.7　总结：手动档即将成为历史　116

问题15：买前驱车还是后驱车　117

- 15.1　前驱车就是廉价货？　117
- 15.2　追求豪华动力和乐趣的后驱车　120

15.3 总结：推推拉拉的选择 124

问题16：买两驱车还是四驱车 125

16.1 四驱=前驱+后驱 125
16.2 四驱也分很多类型 127
16.3 四驱更是雪地利器 130
16.4 四驱对公路驾驶也有用? 131
16.5 总结：有用没用才是你要考虑的核心 133

问题17：买车重的好还是车轻的好 134

17.1 好车和重量的本末倒置 134
17.2 车重不是高速稳的原因 136
17.3 总结：你要的不是车重，而是传说中的高速稳 138

问题18：买独立悬架还是非独立悬架 139

18.1 何为独立悬架？何为非独立悬架？ 139
18.2 难以回避悬架话题的那些车 144
18.3 总结：悬架作为考量点让人欣慰 146

问题19：买安全气囊还是ESP 148

19.1 汽车安全——你以为你以为的就是你以为的吗？ 148
19.2 ABS和ESP到底是什么？ 149
19.3 主动安全：ESP只是辅助驾驶的一小部分 150
19.4 被动安全：安全带和安全气囊远非全部 153
19.5 总结：ESP重要，安全带也重要 158

问题20：买卤素车灯还是高科技车灯 159

20.1 车灯发展简史 159
20.2 氙灯、LED灯、激光车灯 159
20.3 车灯的智能远不只照得远这么简单 163
20.4 总结：有可能当然亮一点好 166

目　录

问题21：买真皮座椅还是织物座椅　　167
- **21.1**　形式大于内容的真皮座椅 167
- **21.2**　就算真皮也分三六九等 168
- **21.3**　NAPPA和Alcantara是不是最高档的真皮？ 169
- **21.4**　总结：不用太较真 170

问题22：买手动座椅还是电动座椅　　171
- **22.1**　汽车座椅是高科技的体现 171
- **22.2**　如何正确调节坐姿？ 174
- **22.3**　怎么还没淘汰转轮式靠背调节？ 175
- **22.4**　总结：如果不需要，再高级也没用 176

问题23：买手动空调还是自动空调　　177
- **23.1**　自动空调能方便多少？ 177
- **23.2**　自动空调不自动 178
- **23.3**　总结：只是自动还不够 181

问题24：买全景天窗还是普通天窗　　182
- **24.1**　天窗到底是否实用 182
- **24.2**　全景天窗也有各种类型 183
- **24.3**　总结：你喜欢哪种天窗？ 187

第 3 部分　提车前后最操心

问题25：在4S店买还是在综合店买　　189
- **25.1**　4S店和综合店的区别 190
- **25.2**　综合店诱人报价背后的坑 191
- **25.3**　总结：推荐4S店 192

问题26：买厂家官方进口车还是平行进口车   **193**

26.1 平行进口的不同身份 193
26.2 平行进口车真的便宜 194
26.3 总结：没有免费的午餐 196

问题27：全款买还是贷款买   **197**

27.1 分期付款成主流？... 197
27.2 分期付款你得到便宜了吗？..................................... 198
27.3 总结：不管什么方式，算清账是关键 199

问题28：买全险还是挑着买   **200**

28.1 保险行业让汽车更安全？... 200
28.2 没有严格意义的全险 201
28.3 总结：保险公司还有很多免费服务 204

问题29：买原装雷达还是后装雷达   **205**

29.1 安全配置不要太节俭 205
29.2 雷达结合影像，是不错的安全配置 205
29.3 雷达的盲区在哪里？... 206
29.4 总结：后装雷达要专业 207

问题30：买原装导航还是后装导航   **209**

30.1 导航固然重要，是否原车不一定 209
30.2 你需要的不是原厂导航，而是原厂信息化系统 210
30.3 后装越来越复杂 211
30.4 总结：中控那块大屏才是关键，有没有导航无所谓 212

问题31：买原装音响还是后装音响   **213**

31.1 原厂音响都是垃圾？... 213

31.2	豪车的音响到底怎么样？	214
31.3	音响改装缺乏客观评价标准	216
31.4	总结：改装音响更适合玩家	217

问题32：买隐私玻璃还是后装贴膜　　218

32.1	贴膜是恶习？	218
32.2	你想到的，汽车工程师早就想到了	219
32.3	贴膜要适可而止	219
32.4	总结：有原装尽量用原装	220

问题33：买延保还是到期就撤　　221

33.1	延保是什么？	221
33.2	延保有没有用？	222
33.3	汽车什么时候坏尽在厂家掌握	222
33.4	总结：预估风险可不容易	224

后记　　225

第1部分
买车之前想清楚

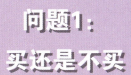

问题1：
买还是不买

小左："我刚摇到号，真是人生一大幸事啊！"

小右："你上班这么近，也没必要开车吧。"

小左："反正我摇到了号，摇到了号就要买车。"

小右："想买车的人摇不到号，你这样凑热闹摇号的倒是能摇到，奇了怪了！"

小左："怎么说是凑热闹呢？我当然是正经想买车的人，只不过稍微提前了一点点。"

人们在追求物质生活的极大丰富，车、房就是物质生活的最基本内容。买车，还有什么好说的呢？

1.1 汽车是不是刚需？

汽车买还是不买？也慢慢成了问题，或者被迫成了问题。

从人们公认的 1886 年世界第一辆汽车诞生，到现在已经 130 多年了。具体到我国，第一辆真正的轿车"东风"牌 CA71 于 1958 年诞生，第一辆下线的合资品牌轿车则是 1985 年上海大众的桑塔纳。相比悠久的世界汽车历史，中国汽车的历史的确不算长，却也已经要面临"买或不买"的问题了。这肯定是汽车厂商最不愿看到的"弯道超车"。

▲ 1886 年第一辆汽车诞生

▲ 中国第一辆轿车"东风"牌 CA71

▲ 中国第一款合资轿车桑塔纳

不论买或不买，都不是放之四海而皆准的真理，不同状态的人适合不同的方案，否则这也就不成为问题了。我们针对小左和小右来分析买或不买的理由，你自然也可以借此来评估，哪些理由更适合你自己的具体情况。

买还是不买? Q1

1.2　买车不一定能让你更便利

买车真的不一定会让你的生活更便利,我们可以轻松找出几点理由。

1. 公共交通往往比开车上下班还便利

小左对"便利"这个词的丰富内容有深刻理解,省心、省时、还能刷手机,都可以算在其中。

现在,大城市里很多以前开车上下班的有车一族,也都不得不"戒车"改由公共交通上下班,甚至买车只是为了占住一个车位。公交车道不断地扩张着,地铁线路快速地蔓延着,不少城市还有尾号限行的政策,让你不得不适应"挤挤挤"的公交和地铁。

地铁虽然挤,但时间有保证,很多情况下坐地铁的通勤时间都比开车还少,关键是在地铁上还不耽误刷手机,刷手机现在几乎成了人们最刚性的需求,挤挤也就不算什么了。

▲ 北京地铁线路图

2. 另一个可以让小左不买车的理由,就是出租车和各种共享用车平台越来越方便

虽然现在叫车平台和出租车存在各种各样的问题,或垄断、或安全,但不可否认它们让你可以提前安排出租车待命,虽然价格可能不降反升了。

3

过去乘坐出租车出行最大的不爽就是，你不打车的时候满街都是空车，你想打车的时候却一辆都打不到，尤其遇到了恶劣天气。这些互联网应用，就瞄准了出租车与乘客信息不对称的问题，乘坐出租车越来越方便无疑是未来趋势。当出租车的调度到了随叫随到的程度时，私家车在城市里的用途就大打折扣了。

▲ 出租车的信息对称和调度问题早晚会有更满意的解决，出租车到了随叫随到的地步之后私家车的必要性就大打折扣

3. 精打细算的小左还算了一笔经济账，买车肯定不划算

就像买房没有租房实惠一样，养一辆车的成本也不一定实惠。

可以简单算一笔账。一辆私家车，按每年1万千米算，油费7000元左右，每年保险4000元已经算便宜了，停车费每年3000元，再算上1000元的保养费，这最保守的年使费用是1.5万元。再考虑到车辆每年的折旧费用，一辆15万左右的私家车一年按1万的最保守折旧费用计算，每年养车成本就要不低于2.5万元了。

▲ 私家车的用车成本远不止加油费用

把这些钱平摊到每个月上，每个月2千元的打车预算，完全够小左这样的上班族出租车与公共交通并用的消费了。这些用车成本还没有包括其他的额外消费，比如撞个车啊，违个章啊，还有维修等。可见，单纯从经济账来算，保有一辆私家车确实不一定划算，而且会越来越不划算。

4. 分时租赁和共享用车平台，让汽车有了更多的拥有方式

不求天长地久，但愿曾经拥有。如果你接受这种"喜新厌旧"的用

车模式，诸多分时租赁平台和私家车共享平台也可以让你有更灵活的用车方式。

就像汽车出租调度平台一样，汽车共享目前也遇到了问题，不少平台处于破产边缘，但这不能否定共享出行是未来的趋势。

汽车的共享有两种，一种是类似共享单车的汽车"伪共享"，称为分时租赁，一种是真正把私家车的闲置时段共享出来的真共享。

分时租赁与共享单车的商业模式基本一样，都是公司采购大量新车，让用户可以随租随还，人们也把这称为共享汽车，虽然它并非原始意义上的"共享"。现在某些"共享"单车的崩溃迅速传染到了共享汽车领域，不少国内行业老大都遭遇破产危机，但这也和资本的急功近利有关，不能否认分时租赁本身的市场价值。而且，那么多人去挤退押金，也从另一方面说明此前还是有不少去尝试分时租赁的。

说分时租赁是"伪共享"，因为公司还是为了把车出租出去才大量买新车的，和原有的汽车出租没有本质区别，只是把按天租变成了按小时、按分钟来租。私家车的真共享，目标是把本身就闲置的私家车出租出去，通过共享平台把闲置资源利用起来，严格意义上这才是真正的共享经济。这两种共享用车方式，小左也都体验过，只不过它们都还不是主流的用车方式。

▲ 分时租赁被人们统称为共享汽车，但它其实不是真正的共享经济，和以往的租车没有本质的不同，只是把时间细分化了

5. 摇号和限购，是很多人不能买车的唯一理由

你可以说出一百个不买车的理由，但都没有这个理由强悍到让劝解你的人立刻闭嘴——没有摇到号。

在本文撰写之时，据说北京的新能源车指标已经排队到2026年了，至于传统汽车的摇号情况，中签比例已经接近2280∶1，也许将来真的要"万里挑一"了。手里没有汽车号牌指标的老铁们，心里苦啊。

1.3 不买车肯定让你更不便利

下面说说小右,很早就买车的他不发愁买车摇号,可现在所有车主都不能放弃汽车,因为承担不起放弃号牌指标的代价。当然,我们还得认真地分析拥有一辆车的其他一些好处。

1. 这个时代没有车轮就是没有了脚

车轮,是人类真正最伟大的发明之一。细想这句话,是多么有道理啊。

都说美国是车轮上的国家,但如今几乎整个地球都建立在了车轮之上。车轮,就是人类双脚的延伸,汽车,已经把一个人的活动空间大大扩展了。

▲ 车轮是人类最伟大的发明之一

小右的私家车,让他可以在周末花一天去上百千米外的奥特莱斯购物,另一天去更远的地方爬山。他工作日每天上下班也要开车行走几十千米。对他这样的出行距离,完全依靠公交或地铁就不太靠谱了。

2. 没车怎么体验驾驶感受?

小右是追求生活品质的人,并且坚定地把体验汽车生活作为这个品质中重要的一环。

小右宁可希望所谓的自动驾驶来得更慢一些,别让中国大地上的汽车文化在繁荣之前就死去。

是的,如果自动驾驶来了,分时租赁自然就会成为主流,如果你不能自己去驾驶汽车,买一辆私家车就没有什么意义甚至不被法律允许了。从拉动经济的角度看,能带来巨大经济提振效果的自动驾驶,

▲ 人们总在失去后才想到去怀念,甚至夸大它的优秀

它的到来肯定会比大多数人预想的要更早一些。

因此，趁现在还能自己驾驶汽车，还能体会驾驶的"疲惫"和堵车的"乐趣"的时候，快买辆自己的车吧。或许多年以后，你可以对你的孩子炫耀，曾经的奔驰和宝马开起来有怎样的不同。汽车品牌多年积累的驾乘底蕴，在未来也可能变成传说。

或许你觉得偶尔租一辆车也能让你体验到汽车生活，可长期拥有一辆车和短期租用一辆车带给你的感受，肯定是大有不同的，哪怕包括一些不愉快的经历，就像婚姻和恋爱带给你的也是截然不同的感受一样。

3. 有些人买车就是用来玩的

小右虽然已不算"青年"的范畴，但还是像年轻人一样，热衷于汽车的改装，甚至竞赛。

人们喜欢对汽车的动力、操控、外观做一些个性化改装，或者出于真正的诉求，或者作为自身独特性格的展示，哪怕只是给自己的车贴上一个与众不同的车贴，带来的巨大满足感不外乎在说"这才是我自己的车"。

玩得更深，或者说陷得更深的人，要开着自己的车去真正的赛道上体验纯粹的驾驶。国外流行的"赛道日"就是专为这些人准备的，国内越来越多的赛车场定期也有这样的活动，我也翻译过一本有关赛道日的书籍供你参考。

可是，如果你连自己的车都没有，还玩什么改装、下什么赛道啊。

4. 嗜自驾如命的小右，怎么可能不买车呢

最好的风景在路上。不只小右，我也非常认同这句话。

读万卷书，行万里路。这里的行，如果只是飞机、高铁

▲ 赛道日书籍指导你走进赛车场

一站直达，你就错过了太多的内容。我理解的行，至少你要去丈量脚下的土地，你要和当地人交谈，体验当地的美食，体会当地的风土人情，两点一线的旅游和以前的"上车睡觉，下车看庙"也没啥区别。

如果你专为自驾而买车，倒不必拘泥于SUV或轿车，甚至可以考虑房车这种更专注于游山玩水的方式。

5.心理诉求也不可忽视

别人都买车了，我怎么能不买？人，总得买辆车吧。

这仍然是很多人心底的召唤，也因此，买车才被人们视为刚需。

汽车，作为财富的象征符号已经慢慢没那么明显了，但也远远没有消失，我们也没必要故意去忽视它。等汽车真的像自行车一样普及的时候，它才能真正回归交通工具的简单属性。

▲ 真正的风景在路上，甚至是路外

▲ 房车游是更深度的自驾玩法

1.4 总结：趁现在能买就赶紧买

买车真不一定能带来便利，但这改变不了人们对汽车的需要。

你除了上下班之外真的就不想去开着车陶醉在外面那精彩的世界里吗？你真的就没有对汽车的心理诉求？你真的不想在摇号的时候先占个号？你万一摇到了号，更没有任何理由不把它变成一辆真实的车。

其实，小左本来也没有太迫切的买车需求，但身在北京并且摇到号的他，怎么可能放弃用钱都买不来的号牌指标呢？像他这样的人并不少，都被迫提前迎来了自己的有车生活。

买车可以拉动经济的增长。汽车的上下游产业链很长，上到钢铁、化工，下到广告、销售、保养等诸多环节。但作为"社会人"的个体，每个人都还是会从有利于自身生活方式的角度去选择。

问题2：买新车还是二手车

小左："听说你以前经常买二手车，现在怎么开始买新车了？"

小右："以前实在是缺钱，而且年轻的时候喜欢折腾，现在折腾不起了，还是买新车图省心。"

小左："那你觉着我该买新车还是二手车。"

小右："我觉得你应该买二手车。"

小左："为什么？"

小右："我想换个车了，我可以把现在这辆车卖给你。"

小左："去你的！"

买价格更便宜的二手车是不是真的值呢？二手车的坑到底有多深？新车就一定靠谱吗？我们一一道来。

2.1 省钱是二手车的硬道理

根本上，选择二手车的理由就是省钱，花更少的钱，办更多的事。

比如你想花12万买辆车，如果考虑新车，按照现在的车价也就是买个低配速腾这种级别的车，如果买二手车，可以买到五六年车龄的奔驰C级，级别和品牌都提高不少，车况好的话带给你的感受也高很多。

▲ 二手车的交易比例也标志着汽车市场的成熟度

也有些人买二手车，就是不想被"物质所累"。买了新车，不免要稍微费心去呵护这个"尤物"，买辆二手车，剐剐蹭蹭不心疼。让人驾驭财富而不让财富驾驭人,我倒是觉得这才是更洒脱的态度。

对于发展时间还不算长的国内汽车市场,人们对二手车的接纳程度有了非常大的提升。2017年,新车销量不到3000万辆,二手车销量却超过了1200万辆,相比前些年已经有了非常大比例的增长。

不过,相比美国市场新车和二手车销售比例为1:3,还有着不小的差距。为什么看上去很美的事情,很多人还是不去选择呢?

2.2 买二手车就是拼人品?

少花钱容易,多办事儿难。

二手车最大的问题就是坑太多,最怕多花了钱,买了够烂的车。二手车的陷阱很多,比如说事故车、改装车、泡水车、调表车,具体如何鉴别可不是咱纸上谈兵几句话能说清楚的,人家那也是个行业。

对此也不是完全没有办法,比如找相对有信用的二手

▲ 官方认证的品牌二手车质量更有保证,但价格也会高一些

车交易平台,比如不要抱有捡漏的心理,比如自己也恶补一点鉴别知识。这些可能多少都管点儿用,但最靠谱的,还是找个懂行甚至是业内的靠得住的朋友,帮你把关和挑选。

理由很简单,骗子也是要看人下菜碟儿的。如果你什么都不懂,中招的概率肯定大;如果带你去买车的朋友就是卖二手车的业内人士,宰人的刀可能根本就不向"同行"亮了。

虽然现在大的二手车交易市场里,事故车、泡水车、重度改装车比以往要少了不少,但也不是没有,而且二手车的价值很大程度上还取决于车况。总之,二手车市场就是个江湖,跟着大侠混才保险。

补充一点,不少4S店同时也经营官方认证的品牌二手车,品质上基本是有保证的,有些损耗件已经进行了更换,基本上也有一定年限的质保,但价格上也要高一些。对于本着图便宜的二手车消费者,是否有

2.3 买二手车的好处,就是能让你开个修理厂

网上流行个笑话:某人的叔叔几个月前买了一辆二手车,朋友问现在怎么样,这叔叔现在开了个汽修厂!

说二手车质量不可靠,的确有点武断,但从另一个角度来理解,毕竟是开过了一段时间的车,总会比新车更容易出问题。另外,如果它之前经常处于恶劣的使用条件或者保养不到位,也会增加出问题的可能性。

如果买二手车就是要开着去长途旅行,比如来个说走就走的西藏自驾,我强烈建议别买辆二手车就上路;如果一定要买二手车,至少也买来先开一段时间,让可能的问题在上路前先暴露出来并修理好。

如果你像小左一样,买辆二手车只是在城里开着上下班,即便偶尔遇到点小故障倒也问题不大。

▲ 二手车的维修保养方面肯定要比新车多花心思

▲ 买了二手车后除了基本的保养外,还有不少内容需要检查

说了这么多二手车的不靠谱,其实也没这么严重,但我最想表达的是,如果你有熟悉的汽车修理厂资源,二手车的保养和维修就能省心不少。即便不是很熟悉的修理厂,至少是口碑还算不错的不宰人的修理厂,能让你在日后的用车中没有后顾之忧。至于如何去筛选靠谱的修理厂咱们这里也不必太多展

▲ 如果你有靠谱的修理厂资源,对二手车来说能解决很大问题

开，还是多和朋友交流，多去网络上搜索相关的评价和口碑吧。

以前的圈里流行一句话：车都不是开坏的，而是修坏的。这句话反映了汽车维修的水也很深，或者技术本身不过关，或者故意小病大修让车的故障源源不断。买了二手车，如果身陷"不在修理厂，就在去修理厂的路上"这样的困境，就无从谈什么享受了。毕竟花便宜的价钱买二手车，不大可能再频繁光顾 4S 店为二手车保养。

2.4 新车和二手车的省钱经济学

下面该严肃地讨论一下，新车和二手车到底谁划算的问题了。这里提供一个终极的解答方式。

严格来说，花在一辆车上的所有成本不只是你花了多少钱买车，而是要把整个使用期间车辆的折旧费用与保养维修费用加在一起的。很早就有资料显示，在一辆汽车的全生命周期内，维修保养方面的花费不会比车价低。

买价格便宜的二手车也不一定划算，买价格贵的新车也不一定费钱，里面的奥秘就隐藏在下面的成本曲线图里。图中，红色曲线代表一辆车的每年维修保养的花费，蓝色曲线代表每年的折旧费用，绿色曲线就是加起来的每年总成本。

不同品牌、不同车型的贬值率都不一样，这也只是一幅说明大体走向的示意图，但趋势是一致的，前几年折旧费用造成成本很高，10 年以后维修费用会快速上升，因此总成本在中间年份比较低。

从网络上可以搜索到各种二手车的简单折旧算法，这些算法可以参考，但不同车系、品牌的车差别也比较大。一般来说，落地八折、5 年折半可以视为一个基准。大体上，前 3 年贬值速度是最快的，后期趋向平稳。

随着车辆使用的年限变长，贬值速度变慢但维修保养的费用又会快速增长。很好理

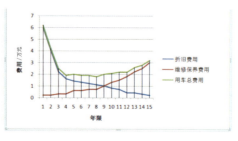

▲ 15 年内用车成本曲线图

解，汽车在 3~5 年以后，需要维护保养的项目就多起来了（价格当然更贵），比如换四条轮胎动辄两三千元，变速器油、火花塞、正时带等诸多项目也需要花钱了，各种你难以预期的故障也会时不时蹦出来给你"惊喜"。这些维修花费有时会远远超过折旧的价格，一些老龄豪华车的维修价格甚至超过车价的情况也不少见。

我们要说明的道理是，一辆车的第 3~10 年间是使用成本最低的阶段，买一辆年限三四年的二手车然后使用 5 年左右才是更划算的。

2.5 买新车也不省心

前面分析二手车时，其实已经涉及与新车的对比了。国内还是更多人在选择新车，虽然它显得并不那么有"性价比"。

比如小右，他已经体验过足够多二手车的坑了，也已经过了玩车的青春时代，对车的需求更多还是可靠的代步工具。比如他要开着这辆车带着全家去自驾，他可不希望车在一个荒芜人烟的地方掉链子。

二手车价格便宜的优势，对小右也没有足够的诱惑力，节约时间对他可能更重要。的确，刚刚步入社会的年轻人，可以用时间换金钱；随着年纪的增长，生活琐事的增加，就要用金钱换时间。这会非常真切地反映到对汽车的需求上。在前面的图中，我们已经描述了新车和二手车总体上的用车成本，大家都知道新车刚买来是贬值最快的，但依然绝大多数人在选择新车，就是要用钱来换取时间。

不少人选择新车和潜意识里的"新车洁癖"有关。还是那句话，当汽车在你心里的重要性差不多像自行车那样时，这种心理因素就会越来越少。

▲ 有些人买新车就是为了体验最新最时髦的产品

新车代表了最新的科技，尤其在如今节能减排的大环境下，新车的油耗指标越来越低，甚至混合动力车、纯电动汽车也慢慢有了不错的实用性，要享受这些最新科技产品，就要追求最时髦的新车。

但买新车也不省心，品牌如何挑，车型如何选，去哪里买，要不要分期，哪些配置你需要，哪些装饰没必要，都是这本书要解决的问题。还有就是要更正确地认识自己的消费心理，比如绝大多数人都会超出最初的预算，这并不偶然。

现在新车的价格越来越低，就意味着和以前同等级别的新车，用料也越来越"节俭"了，质量不可靠的事情也越来越多了。有些地方用料的节俭可能只是降低一些驾乘感受，但在内饰用料上的"缩水"可能导致很多车内空气污染问题，要引起足够重视。本书在各个主题中布满"干货"，让你认识到汽车是个特殊的物件，它的核心在于"开"和"坐"，让你真正学会分辨哪些车才是经典。

关于新车买来之后的磨合，这里也稍微补充几句。核心思想是，如今制造工艺虽然足够先进，但对家用车来说仍然需要有一定的磨合期，只不过这个磨合远不像你以为的那么娇气。具体磨合期的注意事项以各个品牌的手册为主，但大体原则是，在2000~3000千米内，不要长时间全速驾驶，不要长时间让发动机高转速，不要长时间高负荷行驶（比如牵引房车）。不夸张地说，国内很多驾驶员终生的驾驶习惯，都没超过汽车磨合的方式。

2.6 总结：新车旧车都有坑

新车和二手车都有坑，别忽视二手车的坑而乱入，也别以为买新车就会万事大吉，毕竟，本书几乎所有的内容都是教你如何挑选新车的。

在本部分结束之前，再多啰嗦一句购车渠道的问题。新车，还是在4S店买靠谱，其他渠道深浅难测，风险不低于去买二手车，这部分我们会在后面再详细展开。

二手车的购买渠道现在也有很多，4S店相对放心但也比较贵。二手车商家就是鱼龙混杂，因此去口碑较好的商家更靠谱一点。基于二手车网上平台的个人对个人二手车交易，卖方往往对卖出车价的期望值不低，你要能"淘"能"砍"有"耐心"才行。

问题3：买进口车还是国产车

小左："你说现在绝大部分品牌的车都国产了，还有必要追捧进口车吗？"

小右："看你买什么车了，有些车还只有进口车。"

小左："质量上有区别吗？"

小右："这我也不知道，但我感觉还是有区别的，不知道是不是心理因素。"

如今，"崇洋媚外"这个词不那么常见了，我们也可以抛开所谓民族主义和是否爱国的帽子，单纯从产品本身的角度去比较进口车和国产车。当然，国产车这个词比较泛化，国产的合资品牌和国产的自主品牌，都叫国产车，这里我们也就使用这个泛化的概念。

如果你喜欢的车型只有进口版本或者只有国产版本，那么问题倒是简单了。但如果在你的预算之内，喜欢的车型列表里既有进口车，又有国产车，你要权衡哪些因素呢？另外人们最关心的问题，依然是进口车真的依然比国产车质量好吗？

3.1 进口车高质高价

进口车的品质好，其实是个没有太多异议的话题。

至今雷克萨斯依旧没有国产，几乎是唯一没有国产的豪华品牌，多少还是有些要"保持纯洁"之意。当然，诸多已经国产的合资品牌也都声称，国产的产品能够保持全球统一品质甚至出口到国外，但真的如此吗？

汽车作为一种流水线产品，它的品质高低取决于商家的意图，更高的质量意味着更高的成本，成本太低质量又不符合要求，因此商家必定要在可接受的质量基准线之上控制最低的成本。这个质量基准线，除了商家自己的标准外，就取决于当地汽车质量的法规要求和当地市场对汽车质量的期望值。说了这么多,要表达的意思就是进口车的质量高于国产车基本符合预期,哪怕是同一品牌的产品。

高品质要付出高价格,这主要和进口的一系列税费有关,什么关税、消费税、增值税之类,这里就不展开了。存在即合理,进口车能在市场上存活,必然是它们的性价比相比国产车依然有竞争力,甚至,有些紧俏的进口车还需要大幅度加价,比如丰田埃尔法甚至要加价近30万元,奔驰G甚至加价40万元。

▲ 贫穷会限制你对奔驰G加价的想象力

当然,现在有了平行进口车的渠道,车价能便宜很多,也是现在不少人的选择。在后面的章节里我们会有专门的介绍和分析。

也有些厂商为了提升产品竞争力,采用各种办法尽量避免进口渠道引发的价格劣势。比如特斯拉,号称在中国市场的售价与美国平行,通过采用直销渠道等措施,国内特斯拉的价格的确还是有竞争力的。斯巴鲁作为全车系进口的日系小众品牌,价格上还能与国产

▲ 考虑到全时四驱等配置,进口斯巴鲁车型性价比并不弱

同级别对手相差不多确实不容易,何况它的车型还有全时四驱等独特配置和运动化诉求。

3.2 进口车维修保养是短板

购买纯进口车型,除了钱之外还有另一个问题要提前考虑清楚,就

是维修和保养不便。

都说能用钱解决的问题就不是问题，可进口车维修保养周期长可真不是用钱能轻易解决的。

很容易理解，国产车不论是合资品牌还是自主品牌，一方面保有量大，一方面大部分配件都来自国内，维修保养自然快捷方便。反观进口车，市场保有量小，售后部门不可能预先占用大量资金储备不知道什么时候会用上的各种配件。另外，进口车的配件基本也需

▲ 这款路虎揽胜运动版的全铝车身减轻了420千克的车身重量，大幅度提高车辆的动态性能，但维修的金钱和时间成本也会升高

要从海外进货，要不然一辆全进口车型修着修着就变成了国产车型，车主也不答应啊。车辆维修时配件从海外调货、运输，多则个把月，少也要一两周，这时间你不得不耐心等待。

再遇到一些高科技车型，什么全铝车身、碳纤维车身的高端车，很多部件难以维修，只能采用更换的方式，时间和费用就更可观了。

维修保养方面，进口车做得比较好的也有，比如雷克萨斯的汽油车型可以享受4年/10万千米的免费保修保养，混动车型可以享受6年/15万千米的免费保修保养，很大程度上减轻了对维修保养的担忧。

3.3　国产车型接地气的不同阶段

先举个例子说明国产车型是如何接地气的。当年，奥迪A6率先在国内推出同级别第一辆加长车型A6L，鄙视者不少，但事实证明这非常对中国市场"一大遮百丑"的胃口。到现在，宝马5系，奔驰E级也全都推出了国产的加长版车型，

▲ 奥迪整个品牌能有今天的定位，都离不开这款车在中国的成功，当然也就是从这款车开始奥迪就开始在中国推出加长车型

不加长反而成了异类。

▲ 奥迪在2005年推出了代号C6的第三代A6,这一代车型的加长版A6L如今在路上仍不少见

▲ 最固执的德国品牌都纷纷加长国产车型,比如奔驰E级

▲ 车尾"北京奔驰"的标牌明确了它们国产的身份,不用怀疑,它们都是加长轴距的版本

　　这就是国产车接地气的表现。如果你鄙视这种加长做法,你可以去选择保持了标准轴距的进口版车型,这也是品牌的车型差异化策略。

　　国产车的加长只是接地气的表现之一,德系车至今也最爱使用这一招,比如途观L、T-ROC加长版。比加长更加深度的是采用不同的部件和系统,常见的是采用比较老旧的动力系统,可以美其名曰成熟。举个例子,大众高尔夫是全球最拿得出手的产品,但它在不同的市场可能有不同的动力配备,1.6L+6AT的动力系统就是针对动力要求不高的中国市场提供的;欧洲的高尔夫早就换成1.5TSI发动机了,但国内1.4TSI依然在用,而且一段时间内还会继续用下去。

　　更深度的接地气就不只是加长和特定零部件了,而是更进一步到提供"中国特供"的全新车型,简单说就是在海外市场根本找不到这款车。比如Jeep大指挥官,是针对中国火热的7座车市场专门推出的车型,对标汉兰达和锐界,在海外市场你几乎找不到它的存在。

近些年，大众、本田都特别热衷于针对中国市场推出各种"中国特供"车型。这本身也不是什么坏事，甚至可以美化为"私人定制"，是对中国市场的重视，但中国市场真的就和全球市场有这么大的不同乃至要完全开发全新的车型吗？这些短时间内拿出来的车型产品，设计的合理性和工程的可靠性如何？它们本身能经受住市场的考验而经久不衰吗？

▲ Jeep 大指挥官，针对中国市场推出的 7 座车型，试图不对称打击汉兰达

我还是更喜欢大品牌"少而精"的全球化产品，我宁可选择 CR-V 而非"特供"车型冠道和 UR-V；宁可选择速腾、高尔夫而非宝来和捷达。要知道，经过了大浪淘沙，如今存活在地球上的这些汽车品牌，很多当家产品都有着悠久的历史传承，甚至是历经了几十年的十几代产品的进化，是多年的积累和改善后的结果，我更喜欢这样的车型。

▲ 即便大众把这款桑塔纳的新车发布放在了德国，也改变不了它的"特供"身份

3.4　进口车型配置不一定符合胃口

具体配置的选择，我们后面还会专门讨论，但进口车数量少，在配置的灵活性上自然很受限制，很多车型甚至是唯一一款而没有选择的余地。而且，海外市场对车辆配置的理念本来就和国内不太相同，尤其是欧洲市场，对安全配置要求更高，对舒适性配置要求不高，很多舒适性配置都是选配。

说到这里，我们都喜欢提到的一件事，就是欧洲有不少老旧的宝马 3 系，钢轮圈，手动档，布座椅，没有天窗，这要是在国内几乎没人能接受，但国外却很常见。进口车为了满足国人奢侈的胃口，自然要选择高配车型，也进一步推高了进口车的价格。

3.5 原汁原味的调校你真喜欢？

国产车更适应中国的路况。这句简单的话背后的意义可不简单。

一般来说，一款合资品牌的车型在国产前，会针对中国的路况做出有针对性的调校与测试，比如悬架调软底盘调高，以适应路况和消费者口味。经过重新调校的车型，还要在中国复杂的气候和路况下进行各种道路测试，通常一款车的实际道路测试都要在几百万千米，因此国产后的车型自然更适应我国的实际环境。

▲ 图片里这个内饰朴素的车你会喜欢吗？这个2008款的车型其实并不老旧，它既不是自动档，也没有华丽的装饰，但它却是宝马最精髓的车款M3。可以想象，这款以驾驶感受为核心诉求的M3就算进口到国内，面对不菲的价格，选择者必定寥寥

但纯进口车，即便大品牌的车型在开发最初就会匹配好标准、更软（针对坏路国家）、更硬（针对路况更好的国家）的几套悬架，有些进口车也会匹配上更软的"坏路调校"减振器，但这非常微弱的变化就远没有国产车适应得那么彻底了。

举个简单的例子，大轮圈薄轮胎是很多人都喜欢的运动性特征，但国内颠簸的路面只会带给你更多困扰而非运动享受，更别说无处不在的凸出路面的井盖会让这些运动轮胎分分钟报废。

我们也不能否认，有些品牌的车型在国产化时，虽然不太可能改变大的结构设计，但的确会对某些部件进行材料上

▲ 像宝马M4这样的低扁平比轮胎在性能车里远不算夸张，即便配备防爆轮胎应对路面上的井盖也得小心翼翼

的减配，轮圈、轮胎、内饰材料、隔声材料、悬架，都是经常被减配的部件。有时候你开国产车和开进口车，感觉上会有比较大的差别，不一定都是你的心理作祟，可能真的是有所不同。

3.6 个性化车型多进口

如果你钟情于个性化车型，比如旅行车、敞篷车、跑车等，很可能就要考虑进口车型，毕竟，这些车的销量不够大，但是技术含量却不小，让企业花费大量成本在国内打造生产线，可能是个亏本的买卖，因此基本没有国产车型。

▲ 国内不少人喜欢的旅行车，放在整个汽车市场里也只是小众的个性化车型，至今国产车型里并没有多少旅行车选择

3.7 总结：好东西就要付出代价

如果你已经有了中意的车型，它是进口车或是国产车的身份，可能都不会影响到你的选择；如果你把进口或者国产作为一个筛选的因素，那么你就要平衡它们各自的优缺点。进口车价高质高，维修不便利，配置和驾乘感受更来自原产地市场的喜好，选择进口车之前你要对此有清晰的认识。

最后补充一点，如果你想买进口车，我们后面会专门分析是否可以去买"平行进口车"。

问题4：买大车还是小车

小左："我肯定不买太大的车，速腾、卡罗拉那种车就够了，要不城里停个车都不方便。"

小右："我也不喜欢太大的车，但我经常要全家出行，我还是得坚持我的 7 座 SUV。"

尺有所短，寸有所长。

请多读几次上面这句话，因为如果你买车真就为了攀比，那可真没有尽头。下图中，在路上块头已经不算小的奔驰 ML 在这辆奔驰乌尼莫克前简直就像个 smart，还没有人家的一半高。

▲ 在奔驰 ML 的参照对比下，你能对乌尼莫克的块头有更直观的认识了吧

4.1　多大算大？多小是小？

对于大小的问题，我们可以在这里先给出答案：选择适合你的尺寸。

如果你就是要用大尺寸来彰显个人的霸气，你尽管可以在钱包承受范围内选择最大的车；如果你认为飞度甚至 smart 就够用了，追求实用的你也能体会到小车的灵活；如果你受限于狭窄的车位或者地库高度，你也只能屈从于现实。如今城市里的拥堵越来越严重，车位越来越紧张，不少老旧小区的车主换辆大车甚至进不去小区的事情也不少见，人们对车辆尺寸的大小要求也在发生着改变。

不少人都注意到一个问题，人高马大的欧洲人对车内空间的要求都没有国人那么夸张。紧凑型两厢车如高尔夫，欧洲人都可以正常使用，国人反而常常嫌弃它太小。也不难理解，我们很多家庭就一辆车，自然对车的要求也高，全家人经常要挤在一辆车里出行，对后排空间、行李舱空间的要求也大。

4.2　汽车按尺寸分为不同的级别

回过头来，我们再来审视"尺寸"这个概念，在买车前该明白尺寸相关的各种数据到底意味着什么。

从车外来看，常见的尺寸就是长、宽、高和轴距。车身越窄长，直线保持性越好，但我相信你不喜欢很窄的车；车身较长，更容易打造出低空气阻力外形；高度越高，重心越高，稳定性会越差，空气阻力也会增大。但更重要的尺寸是轴距，它基本决定了车内的纵向可用空间。

我们都知道，轿车有级别的划分，从小到大有微型车、小型车、紧凑型车、中型车、中大型车、大型车，SUV根据底盘尺寸也有同样的划分。级别划分的依据包括动力水平、价位，但最重要的还是尺寸。尺寸里，最重要又是轴距，因为轴距直接关系到车内空间的大小。比如轴距2700毫米基本上就是紧凑型车和中型车的分界线；轴距2900毫米基本就是中型车和中大型车的分界线。

虽然级别的尺寸标准随着时间会有所变化，虽然有些品牌也会专门推出一些"错位竞争"车型，虽然级别的划分也和厂家本身对车型的定位有关，但消费者应该关注的是，不同级别的车之间的"技术含量"是有本质区别的，比如用料，比如安全性。这才是为什么我们在选车之前，首先要搞清一辆车的级别定位。

4.3　关于大与小的误解

不知道人们是不是天生就喜欢大车，但很多人对大车的追求，还是有一些站得住脚的理由的，比如安全性，大车更安全并不是凭空猜测。更高级的车有更高的设计标准，比如最高时速指标，当遇到相同程度的碰撞时，大车也有更大的缓冲和溃缩空间。但你持有相同的预算，也不一定要选择更高级别的低配车（所谓"凤尾"）而放弃更低级别的高配车（所谓"鸡头"），因为人们对看得见摸得着的舒适诱惑还是更难抵御。关于"鸡头凤尾"的问题，我们后面还会专门讨论。

前面我们提到过，轴距更长的车有着更好的直线稳定性。当然，轮距更大的车，就是更宽的车，在横向上也更平稳，简单说，大车更平稳舒适。相反，小车更灵活，你自己可能也有所感受，小车在道路上更颠簸，更不安分，也更容易打造出弯道的运动性能。比如smart这样的车，虽然它宽度极窄重心较高，但真把它开到山路上去还是很有乐趣的。

▲ 虽然并未刻意打造运动型，但尺寸就决定了它的乐趣

▲ 如果单纯从运动性来考虑，几乎是尺寸越小运动性才越纯粹

保时捷这个品牌在创建之初，第一款车型356的真正创始人，菲利·保时捷（费迪南德·保时捷的儿子）的理念，就是要在一辆非常小的车上安装非常强的动力，感受动力过剩带来的运动乐趣。可能，这也是欧洲人喜欢不那么大的车的一个缩影吧。而喜欢大车的一个典型，北美市场，大尺寸大排量曾经一度盛行，至今也没有完全扭转过来。

▲ 保时捷的911车型，至今依然保持着非常小巧的尺寸

4.4 日系车内部空间为什么总是更大？

关于外形尺寸和比例，各个品牌都已经为我们做出了最优的设计，我们要关心的更多还是同级别车型的内部尺寸。虽然欧系、美系也越来越重视在同等尺寸车型上打造更宽敞的车内空间，但不可否认，日系品牌更擅长在车内空间挖掘方面精打细算。

在设计理念上，日系和欧系就有不同。比如，如果车内平坦的地板和车底平整的外形之间选择，可能日系车更偏向选择前者，但欧系车则更偏向选择后者，因为前者更看重车内乘员的舒适性，后者更看重车辆的运动性能和空气动力学性能。没有什么好坏之分，只是理念不同。

你在丰田汉兰达的第二排看到的是几乎完全平坦的地板，但你坐在奔驰 GLC 的第二排就必须忍耐超高的地板凸起。看到这里，你会明白为什么很多人吐槽丰田 RAV4、汉兰达以及其他日系车型底盘下耷拉着的排气管是"猪大肠"，正所谓有所失，有所得。

▲ 汉兰达第二排平坦的地板，无疑大大提升舒适性和便利性

▲ 汉兰达车内的全平地板，是牺牲一些底部平整性换来的

▲ 雷克萨斯刚刚在国内上市的紧凑型 SUV 车型 UX 透视图，小车打造大空间方面日系品牌的确更有心得

▲ 有没有注意到宝马 3 系后排中央的巨大凸台？这肯定严重影响中间座椅乘坐的舒适性

日系更注重肘部横向尺寸的宽敞，但欧系车往往更讲究包裹感，即便很大的车，也会把车门做得很厚，座椅再把你包裹起来，好像生怕过于激烈的驾驶会把你摇晃出座椅，这也完全是理念的差异。如果你的车采用了类似赛车座椅式的桶形座椅，你就会感受到，车内空间跟你没什么关系了，你已经完全被固定在座椅里了。

▲ 哪怕就是高尔夫 R 这样一套座椅，它的包裹性也几乎让你动弹不得了，因此对运动型车来说车内空间真的没那么重要

当然，诸多品牌也会直接采用一些小技巧让车内空间显得更宽敞，比如缩短后排座椅，比如把前排座椅靠背做得很薄，或者把座椅背后挖出凹陷留出更多腿部空间。

4.5 关于座椅数量的 2、3、4、5、6、7

和车辆尺寸最相关的问题，就是车内座位的数量，从 2 座到 7 座，在国内的家用车市场里都有很多选择。

2 座跑车或微型车在国内还是非常小众的。如果一个家庭能够拥有不止一辆汽车，其中一辆考虑 2 座跑车才现实，但这样的家庭在国内仍属少数。跑车只安排两个座位的布局，就是尽可能缩短车身尺寸，让车辆的动态性能更灵活，简单说就是把运动性能发挥得更淋漓尽致。但没

买大车还是小车 **Q4**

有第二排，让很多人不得不牺牲掉这个选择。比如在玩车的年轻人圈子里拥有不错口碑的马自达 MX-5，就是典型的叫好不叫座车型。

▲ 硬顶敞篷的马自达 MX-5 在玩车人圈内口碑不错

▲ 两座布局让它的运动性能更纯粹，但无疑也牺牲了不少实用性

当然，价格在 300 万元以上的大型超跑，比如法拉利、迈凯伦、兰博基尼，更是要追逐纯粹的运动感受，基本也都以 2 座为主。反而是法拉利车系里那些 4 座款的车型，都是备受质疑的车型，包括传闻要被停产的 California T 和改名为 GTC4Lusso 的 FF。

▲ 入门级的 4 座 California T 在法拉利车系中更多主打日常使用，我其实挺喜欢这款车的

3 个座位的车型你可能稍感奇怪，市场上还真有这样的异类，比如沃尔沃推出不久的以行政市场为目标的沃尔沃 S90 混合动力的荣誉版 3 座车型。这款进口版 S90 基本也是针对中国市场定制的，取消了副驾驶座位，代之以腿托、小桌板、显示器，让右后乘客感受到所谓的"移动办公"格

▲ 采用 V12 发动机的 4 座 FF 车型，新款叫做 GTC4Lusso，也是个另类的法拉利，很多人都觉得法拉利推出这款车就是为推出 SUV 车型探路，已经四驱四座只差个 SUV 的壳了

调。尽管中国消费者对车内大空间的需求有点扭曲，但S90这种曲意逢迎是不是有点更加扭曲？

4座车型分两种：纯粹4座车型和2+2车型，虽然它们的座位数量相同，但后者更强调第二排本来就不是给成年人长时间乘坐的。纯粹4座车型更多是定位豪华车型，取消了后排中间的狭窄座位，让两边的乘客都可以有更宽大的乘坐空间，比如，进口到国内的奥迪A8，最贵的一款车就是一个4座版本。

▲ 沃尔沃S90荣誉版，另类的不只是3座，更是超过百万的定价

▲ A8L的4座车型彰显了豪华气质。记住，汽车可不是按座位数来定价的，座位越少车价反而可能越高

至于2+2车型，就是很多人以前常把第二排称为"狗座"的那些车，这些车的第二排本来就是为了应急而设计的。它既不像2座车型那么极端，又尽可能缩小第二排来减少对车辆操控性能的影响。你要知道，2+2车型和4座车型是有区别的，以前人们不太清楚这一点才有"狗座"的戏称，其实人家就是"狗座"。

2+2布局的车型以跑车居多。

再普及一个知识，超跑、跑车、小跑的概念是不一样的。超跑一般的定义是，价格300万元以上，功率500马力（约367.5千瓦，1马力≈0.753千瓦）以上。而跑车就没有这么贵也没有这么猛。有人不太愿意承认GT-R算不上超跑，其实，对标911的GT-R本来就不该被归类为超跑，它只是加速性甚至超过不少超跑的跑车而已，价位上的定位也如此。再说小跑，字面理解是比较小的跑车，比如奥迪TT、宝马Z4。

现在能明白了，保时捷的718系列可以列为小跑，但911肯定属于跑车类别。奔驰的SLK属于小跑，但SL属于跑车，至于奔驰旗下的AMG GT从价位上也不太能归类为超跑，仍归类为跑车比较合适。可见，不是谁都能被列为超跑的。

回到 2+2 座椅布局，以运动性著称的保时捷，如今称为 718 的小跑车系是 2 座车款，但当家的 911 系列基本都是 2 门 2+2 座布局车款，因为 911 系列虽然注重打造强悍的性能，但市场定位仍然是要保持日常用车实用性。说到这里，你更能理解为什么说同样是 2 门 2+2 的 4 座车型 GT-R 也是个纯粹的跑车而非超跑了吧。

▲ 保时捷的 Cayman 和 Boxster 现在统一成了 718 车系，这是比较合理的，让它们都定位在小跑类别

▲ 2016 款保时捷 911 Carrera 透视图，2+2 座椅布局说明它仍然照顾日常实用性

5 座车型就不讨论了，家用车里绝大多数都是 5 座车。最近市场上突然增加了不少 6 座车型，大多是为了避开 7 座车型每年都要年检的麻烦。

7 座车型是最近市场的热点，很多品牌都推出 7 座 SUV。选择 7 座车型，你可能不只要纠结于 SUV 和 MPV 之间，可能还要纠结于 2+2+3 和 2+3+2 的不同座椅布局，这就要你根据自己家庭成员的情况来取舍了。

▲ 同样是 7 座车型，不同的座椅布局对日常使用影响很大，SUV 车型大多是 2+3+2 式座椅布局，MPV 多是 2+2+3 布局

4.6　总结：掌握大小的分寸

如果要用一句话给这问题做个总结，那就是：尺有所短、寸有所长。

多大的车可能你都不满足，但多小的车都有优点，还是要根据自己的需求，确定好车型的级别，选择合适的座椅布局，掌握大小的分寸。

问题5：买三厢车还是两厢车

小左："我本来不讨厌两厢车，但就因为网上很多人说，两厢车没有三厢车安全，后面怕撞，所以我坚决买三厢车。"

小右："我以前一直买两厢车，你没尝试过用两厢车搬家就不会理解两厢车多能装。"

小左："因为安全，我选择三厢。"

小右："多个'屁股'，能安全多少？真不如不给后玻璃贴膜提升安全性的作用大。再说，真遇到大的碰撞，多个'屁股'也没用。"

可以说，中国家用汽车的兴起始于老三样：捷达、桑塔纳、富康。富康从产品本身的先进性上要比另外两款大众车型更优秀，但两厢的造型本身就超前于中国的消费习惯，注定了富康"小姐的身子丫鬟的命"。

两厢还是三厢？从那时候起就成为一个争议的话题，现在虽然人们不再对两厢有太大的质疑，但偏见也还是有的。这部分我们就聊聊两厢和三厢。

5.1 何为三厢？何为两厢？

先奉上知识点，三厢、两厢其实是对汽车结构的一种俗称。从侧面看，乘员舱部分是一个"厢体"，前面的发动机舱部分被单独分隔开来形成一个独立的厢体，三厢车的行李舱也被隔开形成一个独立厢体，此谓三厢。两厢车，乘员舱和后面的行李舱之间没有分隔，自然就少了一个"厢"。

实际上，欧美也常把两厢车的行李舱开口称为是一个门，因为你的确可以从这里进入乘员空间，所以这类车常被称为5门或3门掀背（Hatchback）车型；而三厢车行李舱的开口，只是它的盖子，因此三厢车常被称为4门车型。

又一个知识点来了：不少后排座椅可以放倒的车型，不论两厢还是

买三厢车还是两厢车　Q5

三厢，在行李舱里都设置了紧急打开行李舱盖的机关（后排座椅外侧一般也有解锁开关），有的是拉手，有的需要用钥匙拨开一个盖板（现在你明白很多行李舱的小盖子是干什么用的了吧），然后拉动里面的机关（有的是要用钥匙）。这样设计就是为了在车门打不开的时候（比如车辆浸没在水里时），能从行李舱紧急逃生。去研究研究你的车型有没有这项功能，并实际演练演练吧。

▲ 从这辆四代高尔夫的结构图能明确看出乘员舱和发动机舱之间的隔板区分，俗称防火墙，而乘员舱和后面的行李舱则是一个没有被分隔的厢体，因此称为两厢车

除了三厢、两厢外还有很多不同的车身形式。你可能听说过两厢半车型，经典代表包括雪铁龙赛纳和斯柯达明锐，因为它们既有个不大的"屁股"，车内结构却是打通的两厢车，既拥有扩大空间的三厢造型，又有两厢车行李舱大开口的优点。此外还有单厢车，比如以雪铁龙老款毕加索为代表的MPV车型，只不过人们现在几乎不这么叫了。

▲ 斯柯达明锐虽然有个小"屁股"，但行李舱却采用了两厢掀背车的开口方式

很多汽车厂商在车型开发的最初，就同步开发出了同一车型的不同车款，最典型的就是大众，在两厢高尔夫的基础上会同步开发出很

▲ 从实用角度看，明锐一直保持的这种两厢半造型综合了两厢和三厢的优点

多不同车型的版本,什么三厢版 Jetta、Golf 旅行版、Golf Plus 版,等等。

5.2 谁说两厢小钢炮不吸引眼球?

中国消费者的三厢情结如今没有那么严重了,大街上奔跑的两厢车也比比皆是,但也不能说完全没有了三厢情结。

当年,在富康之后,第二个吃螃蟹的品牌就是大众,两厢的 Polo 和两厢的高尔夫在那个时代算是全球同步产品,但起初依然叫好不叫座。之后,随着福克斯等更多以运动为诉求的两厢车出现,市场开始慢慢接纳了两厢车。

两厢车更轻的重量、更紧凑的布局本来就更容易突出运动性能,欧美很多两厢车也都有运动的传统,今天也有不少配备强劲动力的两厢车被称为"小钢炮"。比如国内也能买到的高尔夫 GTI(甚至是高尔夫 R)、福特的福克斯 ST(甚至是 RS)和嘉年华 ST,还有国内不那么常见的雷诺梅甘娜 RS 和 Clio RS。相比之下,奔驰、宝马、奥迪的 S3、1 系、A 级的小钢炮车型就没那么接地气了。

▲ 雷诺梅甘娜 RS 在欧洲有相当广泛的群众基础

▲ 本田思域 TYPE R 也一直是神一样的存在,只是一直没有进到国内,它注意到两厢车的尾部迅速垂直下降,空气动力效果不好,因此经常配备扰流板或巨大的尾翼

▲ 价位在 40 万元级别的高尔夫 R 性能足够强悍,将近 300 马力的动力,四驱形式,0–100 千米 / 时加速在 5 秒以内,还有相当运动的座椅

买三厢车还是两厢车 **Q5**

5.3 还有三厢情结?

三厢情结的来源主要是两个,其一是轿车心理,觉得没有一个后"屁股"的车就不是所谓的轿车,不像以前古代的"轿子"。这心理也不能说不对,毕竟主打行政级的轿车就一直在把车辆的三厢造型塑造得方方正正,可我们是否不应该把本来很放松的家用车弄得那么行政?

关于三厢车的空间,我们稍后再谈,这里先说三厢车是不是更安全。理论上,后面增加了一个厢体,不论缓冲空间还是溃缩空间都更大了,对同样价位和品牌的车型,说三厢比两厢更安全一些是站得住脚的。但这种安全差别能有多大的机会体现出来可就很难说了。小的追尾事故,两厢车也不会有什么问题,而严重的追尾三厢也吃不消;真正能通过三厢结构才得以幸存的情况,在用车过程中有多少机会遇到呢?

人们重视汽车的安全,只停留在买车的时候,而且也只重视看得到的那些方面,而更重要的方面,比如是否配备主动防碰撞、是否配备膝部气囊、是否配备侧气囊侧气帘,难道都没有三厢车的那个"屁股"重要?

汽车工程师能够让两厢车驶上公路,我们就要信任他们对结构进行了相关的设计,能够达到和三厢车类似的水平。人类经过了这么多年的积累,如今的材料也足够先进,把两厢车的安全结构设计好也没有什么难点,我们没有必要去挑战汽车工程师的职业素养。反而从另一个角度看,三厢车的行李舱更多也只是缓冲和溃缩,起同样作用的车头自然也是越长才越安全,可怎么就没多少人把车头长作为安全的选车指标呢?因为人们还要平衡车辆的操控、重心、比例、视野等各种因素。

▲ 从这款奥迪 A3 的结构图能看到,乘员舱的底部采用了强度最高的黑色热成型钢组成,一直延伸到后备厢的位置

"真正安全的是安全的驾驶",我自己都觉得这句话太老生常谈了,但买车时寄希望车辆多安全,坐到方向盘后面就失去理智开始疯狂,岂不

33

本末倒置？总之，这些分析不是说两厢车才安全，而是说给两厢车戴上安全性差的帽子不太合理，还是要根据需求来选择两厢车和三厢车。

5.4　空间上谁更实用？

在欧美的传统观念里，紧凑型或者更小级别的车型，因为车辆的尺寸和轴距本来就比较小，是不太适合制造三厢车的。

只不过现在在各个级别的车尺寸都越来越大了（如今紧凑型车的轴距真赶上以前中型车的轴距了），中国消费者的三厢热情又很难忽视，因此连小型车大众Polo都曾经推出过三厢车就不奇怪了，虽然我还是建议三厢车至少从紧凑型级别起步。

现如今，紧凑型的三厢车算是比较普遍了，连奥迪、宝马、奔驰这些豪华品牌，也纷纷在紧凑型领域推出了自己的三厢车型，当然首要目标还是针对中国市场。比如奥迪A3以及同级别的宝马1系和奔驰A级，一开始都是只有两厢的，现在你能买到它们的两厢版和三厢版。

▲ 奥迪A3经典的两厢版本

▲ 针对中国市场的三厢版奥迪A3可能更受欢迎

▲ 从两厢版A3能看出，行李舱和乘员空间属于一个厢体空间，行李舱开口可以称为一个门

▲ 三厢版A3即便后排座椅可以放倒，从结构上行李舱也是独立出来的一部分，虽然一个人依然可以从行李舱进入乘员舱空间，但这只能算"跳窗而入"

买三厢车还是两厢车　Q5

下面，我们该进入最关键的环节了：三厢车的空间是不是比两厢车更大。

三厢车的行李舱空间深而矮，两厢车的行李舱空间短而高，因此这种比较还是要区分场合。在满员加大量行李时，无疑三厢车胜出；非满员和大量行李时，后排座椅可以按比例放倒时，两厢车在结合行李舱可以用到天花板高度的空间自然会胜出；后排可以完全放倒时，放大件行李更是两厢车会胜出。

解释一下行李舱容积的官方数据是怎么得来的。很多人以为，就是模拟里面灌满水能装多少升，其实不是这样，因为即便同样的容积，有些行李舱很规则，有些行李舱到处是犄角旮旯，它们的数据应该是不同的。

的确如此，为了体现这种不同，通常是用不同尺寸的长方体积木块填充物来测算。根据我国的标准，有1升、4升、8升的量块，其中4升的积木块又有3种不同的样式。因此，行李舱里特别不规则的区域是不能得到充分利用的，并且不同车型要根据货物是否会前冲而有不同的高度规定，两厢车在后排座椅放倒后是可以把到车顶的空间全部利用起来测算的。

以2014款的奥迪A3举例，三厢版A3的行李舱容积是425升，即便后排座椅放倒，实际容量可以扩大，但在标准测算时还是不能计算在内；两厢版A3的行李舱容积本身稍小，为380升，但后排座椅放倒后的空间是从前排座椅背后上至车顶所有的空间，可以得到1220升的置物空间，几乎是原来行李舱空间的3倍。

现在，你该明白自己用车的需求，判断三厢车还是两厢车更适合自己了吧。

▲ 两厢版的A3在后排座椅放倒后，后面可以有3倍于原来行李舱的巨大空间

▲ 两厢车本身行李舱属短而高的类型，后排座椅折叠后可以利用的空间会非常巨大，但不折叠座椅时的确空间会稍显局促

5.5 总结：意愿还是愿意？

其实你仔细分析市场上的车型，现在紧凑型级别的三厢车，车内空间已经不小了，但更小级别里三厢车就很少，当然大级别车型里两厢车也很少。因此，买中型车以上自然买三厢，买小型车以下自然是两厢，紧凑型车属于两分，主要就取决于你自己的用车需求和意愿。至于所谓谁更安全谁更不安全，几乎可以忽略了。

当然，除了实用性外也得考虑自己的心理诉求，三厢车更倾向于庄重正式，两厢车更靠近热情洒脱。如果真的没需要，还是考虑把那沉重的"屁股"扔掉吧。

问题6：买轿车还是SUV

小左："别看我从来不想自己开车去远的地方玩，但我也在考虑买个 SUV，因为现在的人们都在买 SUV。"

小右："我买 SUV 是因为有需求，你都在城里开还买 SUV，纯粹瞎凑热闹。"

小左："SUV 个头大，还安全，城里开也没坏处啊。"

小右："你开多了就知道了，要说舒服还是得轿车。"

小左："不会吧？听很多人说 SUV 才舒服。"

小右："汽车是重心越低越舒服没意见吧，SUV 只是视野好，真开起来，肉大身沉的，舒服才怪。"

小左："我倒真糊涂了……"

上面的对话就是近些年 SUV 流行起来的缩影。最近，全球不少有着超高"做人原则"的豪华品牌、运动品牌、超豪华品牌，都失去了自己的底线而被议论纷纷，那就是去生产 SUV 车型。

▲ 连劳斯莱斯都开始生产 SUV 了，还有什么不可能？

实际上，到现在几乎没有哪个品牌拒绝生产 SUV 了，最近连法拉利、阿斯顿·马丁都已经承认了自己马上要发布 SUV 车型，加上已经沦陷的保时捷、宾利、玛莎拉蒂、兰博基尼、劳斯莱斯等，好像只有迈凯伦因为自身实力实在有限，还没有明确表明要生产 SUV 车型。

在这背后你能领悟到很多丰富的内容，比如 SUV 的利润率肯定比轿车高不少，否则诸多有足够资格高傲的品牌都不惜放下身段去生产 SUV 这种"不伦不类"的车型；比如很多曾经信誓旦旦宣称永不生产 SUV 的品牌，它们的决策却完全是受市场需求控制的。但每个购买 SUV 的消费者，他们确实需要买 SUV 吗？恐怕真不一定。为了让你在买车前能更深刻了解 SUV 的优缺点，咱们还是得从头聊起。

6.1 到底谁生产了第一辆 SUV？

"第一"这种名头，向来是厂家都希望能揽在自家怀里的。但 SUV 这个词有着不同的理解，第一的名头也属于不同的品牌。

很多人都知道 Jeep 威利斯（Willys）肯定和 SUV 的起源是脱离不开关系的。为了满足战场上的需要，美军制定了需求：车身高度不能超过 1850 毫米，高底盘，四轮驱动，具有很好的越野通过能力等。1940 年，威利斯就诞生了，它的重量只有 250 千克，应急的时候四个

▲ 第二次世界大战结束时，威利斯已经生产了 60 万辆，难怪有人说没有威利斯就没有反法西斯战争的胜利

士兵就能把它抬过障碍。威利斯的意义不只是孕育了 Jeep 品牌，更是导致了丰田 LC 系列、路虎卫士等系列越野车的诞生。如果我们用 SUV 统称所有越野车的话，可以把威利斯作为 SUV 的鼻祖。

但是，随着城市 SUV 越来越流行，如今人们倾向于把 SUV 狭义地定义为城市 SUV，以便和越野倾向的硬派越野车有清晰的划分。就是说，SUV 包含城市 SUV 和越野车两类。

说到城市 SUV，它的鼻祖就多了，比如雪佛兰认为自己在 1935 年推出的萨博班（Suburban）是世界上第一款真正的 SUV 车型。雪佛兰甚至一厢情愿地认为 SUV 这个词的来源就是 Suburban Utility Vehicle。

当然业界普遍还是认为 SUV 来自于词汇 Sport Utility Vehicle，至于其中的"运动"并非公路高速驾驭的那种运动，而是把覆盖区域从城市扩大到郊区的休闲生活方式。从这个意义上，丰田 RAV4 常被称为

买轿车还是SUV Q6

是真正的第一款体现这种定位的城市 SUV，这个稍显拗口的称呼来自 Recreational Active Vehicle with 4-wheel drive；而宝马，从自己的第一款 SUV 车型 X5 开始就改称为 SAV（Sport Activity Vehicle），而后来推出的轿跑式 SUV 比如 X6、X4 称为 SAC（Sport Activity Coupe）。好吧，这些都是各个品牌针对市场宣传玩的文字游戏，我们不必太过认真，我们更关心的还是产品本身的诉求。

▲ 这就是 1936 年款的雪佛兰萨博班（Suburban），你觉得它和如今的 SUV 像吗？

▲ 这是 1939 年款的萨博班，其实很难定义它到底是旅行车还是 SUV

▲ 如今的雪佛兰萨博班是一款典型的美式全尺寸 SUV，在美国警匪片中常常出现

▲ 第一代丰田 RAV4 被认为是真正定位为城市 SUV 的第一款车，紧凑轻量的车身加上四驱的配置，它其实拥有不错的越野能力，车身形式上，它也有五门版、三门版、硬顶敞篷版等多种形式

◀ 从 2000 年的第一款 SUV 车型 X5 的诞生，宝马开始了自己的 SAV 和 SAC 车系

6.2 城市 SUV 与硬派越野的本质区别

本来，在城市 SUV 还未流行的时候，人们已经习惯于用 SUV 统称所有四驱车型了。但随着越来越多"伪越野"车型甚至根本就没有四驱的 SUV 车型出现，人们越来越觉得完全不能把它们和硬派越野车混为一谈。

因此，我们把上面的分类说明得更规范些：SUV 依然泛指所有的具有高离地间隙的车型（自主品牌里有些车型甚至连这都做不到也混入 SUV 车型）。然后再细分成两类：针对坏路而非没有路的城市 SUV 类型；而把针对"没有路"（off-road）的真正越野车称为硬派越野车，比如最便宜的铃木吉姆尼，比如大量玩家喜欢的 Jeep 牧马人，比如把坏路和公路平衡得很好的丰田兰德酷路泽，比如豪华与越野兼得的奔驰 G 级。

▲ 这个牧马人的仪表盘不但清晰地描述了四驱系统的结构，还指示了三把差速锁的锁止状态

具体什么是硬派越野车，也有个比较普遍被认可的标准：可靠的四驱系统是通过性的基础；至少带有一把中央差速锁也是最低入门门槛；带有大梁的非承载式车身能保证车身的坚固性；低速档能让车轮得到更多的转矩，低速攀爬更从容。

▲ 牧马人的四驱操纵杆是硬派越野车的典型设置，切换到 4L 时分动箱通过齿比切换会对输出到车轮上的转矩进行放大，当然行驶速度也会有相同比例的降低

▲ 牧马人锁止前后差速锁的开关，中央差速锁通过分动箱档位已经实现了前后轴输出转矩的锁定，旁边还有可以断开扭力杆的按钮以进一步加大悬架行程

有些传统意义上够得上硬派的越野车,如今为了突出乘坐的舒适性,减轻车身重量以提升油耗经济性,不一定都采用大梁式非承载车身。比如三菱帕杰罗,采用了所谓半承载式车身,其实是采用了内嵌大梁的整体车身,可以理解为承载式车身经过了大梁的强化;比如基于铝合金车身的路虎,在越野性上一直也够得上强悍。当然,它们的定位和牧马人这种专攻越野甚至放弃很多公路舒适性的车型还是有着很大的区别。

▲ 尺寸迷你的铃木吉姆尼也有着硬派越野车标志性的车身大梁,对于车身经常需要承受扭曲变形的硬派越野车,大梁骨架可以承受绝大部分扭曲载荷,安装在大梁上面的车身基本不承受扭曲载荷,这就是越野车即便承受多年的越野蹂躏依然能保持车身坚固的原因

6.3　SUV更安全?

SUV称为运动型多功能车,如果你所追求的运动是高速稳定性、山路的灵活性,那么SUV可以说是最不运动的车型。为了让你不受名称的误导,我们就比较一下SUV在驾乘方面与轿车相比的优缺点。

我们先顺应形势,强调一下人们现在都喜欢SUV的最大理由,就是大块头、高视野所提供的那种安全感。这就不难理解,为什么很多女车主更喜欢SUV,她们本来也不追求轿车所谓的驾驶乐趣,而SUV却能带来更多依赖感和安全感。

▲ 从这张乌尼莫克的透视图,更能感受到非承载式车身的作用,坚固的大梁保证车身多年之后依然健硕

▲ 尺寸巨大的SUV尽管驾驶起来非常不灵活,但它的安全感却吸引了相当多的女性车主

不只是感受上的安全，SUV的确在安全性上也稍稍占优，包括碰撞方面和视野方面。

更高的视野能让你更早发现前方路况隐藏的危险，很多开过SUV的人应该有体会，尤其在中国很多车主都把后窗贴上不透光的膜，能够越过前车车顶看到更前面的道路是很大优势。SUV和轿车的安全测试都基于相同的碰撞标准，而内部空间更大的SUV拥有更多的缓冲空间，更重要的是SUV更高的保险杠和轿车碰撞肯定占有优势。

安全性能上，SUV最大的问题就是高重心固有的更容易翻车的问题，想当年Jeep的大切诺基在做测试时差点翻车，还是测试人员经验丰富在关键时刻采取了正确的救车措施才避免了翻车，这个视频在网络上曾经很火。主打运动的轿车会把车身重心做得尽可能低，你只从驾驶座位置的高低就能有一个大致的判断，比如宝马轿车的驾驶坐姿就普遍更低一点，还别说专门的轿跑车。因此，SUV车主在高速紧急变线和山路驾车过程中对此要有自知之明。

▲ 国内很多SUV车主在山路上撒欢，但它的极限远低于轿车

6.4 根本就不运动的运动型多功能车

SUV在加速性能上普遍要低于轿车，比如20万元左右的轿车（2.0T的动力级别）就可以轻松把0—100千米/时加速成绩做到7秒左右的水准，但即使贵一倍，40万元左右的SUV也不多见这样的动力水平，还只能是四驱的奥迪Q3这种小巧型SUV。普遍来说，如今主流的小排量增压发动机(以大众1.4T为代表)能够输出大概150马力的水平，即使这种以低油耗为主打的动力系统，搭配在紧凑型或中型轿车上也普遍能达到9秒以内的加速成绩；而类似动力系统的SUV加速水平普遍都要在9秒多甚至10秒以外了。

当然，你又要SUV的安全感，又要强悍的动力，甚至还要有点越

买轿车还是SUV　Q6

野性能，那么就要在银子上大幅度付出了，比如各种超豪华品牌的百万元级 SUV。

SUV 的尺寸和重量大，不但造成加速性差，还会导致更高的油耗。一个大致的研究结果是，车重增加 10% 油耗会增加 6%~8%，也就是说，一辆紧凑型轿车变成紧凑型 SUV，车重大致会增加 10% 左右，如果紧凑型轿车的百公里平均油耗是 8 升，只重量增加这一项就会让对应 SUV 的油耗提高 0.5 升，别忘了影响油耗的还有 SUV 巨大的迎风面积以及较差的流线造型。

既然说到了风阻的话题，这里也补充一些关于汽车风阻系数的知识，它对于你买车也是具有参考价值的。

车辆的风阻系数是衡量车辆空气动力学的一个关键指标，你也要知道如何去评估它。首先你要明确，它不是车辆受到风阻的绝对力度，而是

▲ 奔驰 G63 AMG 用 4.0T 发动机取代了以前的 5.5T 发动机，官方的综合百公里油耗降到 11.9 升，的确几乎让人无可挑剔了

一个系数。如今的轿车的风阻系数通常都比跑车的系数低，这不是因为轿车本身的风阻小，而是跑车的迎风面积非常小，也因为跑车要通过气流制造下压力造成风阻有所提高。同理，SUV 的风阻系数即便不大，但与巨大的迎风面积综合起来还是有着很大的阻力。如果你要横向比较同类车型之间谁的空气阻力更小，风阻系数就更有参考价值。

一款车的风阻系数能降低 0.001 都是很不容易的事情，当我们看到厂家把官方数据从 0.29 降低到 0.28 时就已经有了很大的提升，我们要能够体会到这其中有多大的付出。如今几乎所有车型，都会在轮拱、后视镜、尾

▲ 从这辆 2019 款宝马 X5 身上，你能看到诸多意在提升空气动力学效果的设计，比如通过设置通风口优化轮拱处的空气流动，比如减小后视镜尺寸、设置空气导流线条、优化连接杆和后视镜本身的流线造型，比如把后扰流板与后窗通过两侧的导流板连接成一体

窗、底盘等处做出减少风阻的设计。

6.5 高利润的 SUV 是消费者和厂家都喜欢的产品

SUV 近年来一直保持着远超轿车的销量增长势头，这不只限于中国市场，全球都如此。

一个巴掌拍不响，它的火爆也是两方面相互促进的结果，一个愿打，一个愿挨。消费者喜欢 SUV 高高在上的感受，汽车厂商更是乐于推销这种利润率更高的产品。

同平台的车型，SUV 和轿车相比成本其实没有高很多。注意，汽车的成本远远不是那一点钢铁的用料，更多还有设计、生产、销售各个环节的成本，从成本上，SUV 比轿车的成本不会高很多，有数据统计大概是在 5% 左右。但售价呢？

▲ 风阻系数哪怕 0.001 的提升，都凝聚了厂家大量的研发成本和工程师巨大的努力，从这个角度看，任何一辆商品车都是平衡的结果，是厂家对成本与收益的平衡

全球范围的统计是 SUV 售价大概比同平台轿车高 20%，国内 SUV 甚至能高到 50%。因此，SUV 利润率高是不需要怀疑的。举个例子，全球利润率最高的品牌中，保时捷基本是最高的，但前些年的统计，自主品牌长城汽车的利润率在全球汽车品牌中仅比保时捷稍低，超过众多国际汽车巨头。理由很简单，长城汽车只生产 SUV

▲ 2003 年保时捷推出第一款 SUV 车型卡宴之时，即使内部人士也不乏异议，但如今 SUV 成了公司重要的利润来源，让他们有更多资金投入自己的跑车研发

车型，可见 SUV 利润率之高。

6.6 总结：按需出发

随着 SUV 市场热度逐渐消退，消费者也在逐渐趋于理性，SUV 车型的高溢价也会慢慢回归正常。

对于选车的你，还是从自身需求出发，没有必要太去纠结谁的利润率高或低，银行利润高你还能不存钱了？生产优秀产品的厂商拥有着更高的利润率，这也是一般规律。

问题7：买豪华品牌还是普通品牌

小左："什么算豪华品牌？我觉得合资品牌就算豪华品牌吧。"
小右："那不是，BBA这样的才算豪华品牌。"
小左："我觉着德系都算豪华，日系就没德系豪华。"
小右："你这纯粹车盲！"

买车的很多事是和品牌有关的，否则，本来就不太能体会出不同车型之间操控差别的消费者，为什么还会纠结于选择什么车呢？汽车也是人的一个标签，精打细算的小左立场坚定，买车只为实用，品牌不重要；可小右立场更加坚定，豪华品牌不但增加了自身的溢价，还会带来更好的享受，这才是一笔好买卖。

没错，物以类聚，人以群分，不少人喜欢把不同车型的车主划分成不同的群体，现在有听起来更高大上的名字，称作车主画像。2017年高德甚至依靠大数据给出了更精确的用户习惯，虽然"奔驰车主爱火锅，宝马车主爱购物，凯迪拉克车主偏好洗浴场所"遭到了用户声讨，但的确如今有越来越多的渠道能更精确地刻画用户画像。

换句话说，用户画像这事情的意义，就在于假设了车主是"人以群分"的。因此买豪华品牌还是买普通品牌，更多是你的个体人和社会人本身早已决定了的，你最好就是跟着心里的感觉走。如果你对自己的感觉也不太有把握，再来参考我们"超理性"的分析。不过，很多事情都弄得这么明白也就没意思了，有钱难买高兴，不是吗？

即使你已经决定选择什么品牌了，对于豪华品牌的很多知识，你依然需要有所了解。比如，是不是豪华品牌谁说了算？

7.1 汽车品牌的三六九等

几乎所有消费产品，都有品牌的高低贵贱之分，即使LV使用"编织袋"图案，那也是LV的编织袋。在汽车领域就更是如此。

Q7 买豪华品牌还是普通品牌

对汽车来说一个基本的品牌划分是廉价品牌、平民品牌、豪华品牌、超豪华品牌。

廉价品牌，是专门打造廉价车来竞争的；平民品牌自然就是更接地气绝大多数人会去选择的那些，欧系的大众，日系的丰田、本田、日产，以及美系的雪佛兰、别克和福特都属于此；在此之上就是产品溢价更高的豪华品牌，德系有"BBA"，日系三大也有相关的豪华品牌比如雷克萨斯、讴歌、英菲尼迪，美系也有相应的凯迪拉克和林肯等；至于超豪华品牌，它们甚至会把过于接地气视为失败，产品的稀缺性是它们维持自身价值的一个手段，比如劳斯莱斯和宾利。

▲ 即便劳斯莱斯希望把销量提高，也不会容忍它成为街车，通过产能和定价自然可以去平衡这一点，产品的稀缺性和独特性给超豪华品牌的车主带来的优越感也是产品的核心吸引力之一

超级跑车和超级豪华的诉求不同，但相同的是罕有的性能、高昂的价格、一定的稀缺性，比如法拉利、兰博基尼、迈凯伦，因此人们常把它们也一同归为"超级"的类别，这就是为什么叫做超级跑车品牌。前面我们讲过，超跑和普通跑车是不一样的。

▲ 超级跑车价位和超豪华车类似，拉风程度类似，但日常驾驶起来却异常难受，因为它们的诉求不是去讨好车主，而是要带车主去赛道上感受激情，如果你想买超跑，也要提前想清楚

7.2 豪不豪华谁说了算？

不想当将军的士兵不是好士兵，同理，每个品牌都想把自己贴上豪华的标签。一旦成为豪华品牌，好像就有了卖高价的通行证，通过品牌的号召力就可以带来高额利润。但是，品牌豪不豪华到底谁说了算？

很简单，市场说了算。

的确有品牌一厢情愿地想挤进豪华品牌阵营，可消费者根本不买账，这就难免成为笑柄。比如雪铁龙近些年要打造的高端品牌 DS，设计上强调自己和 LV 有着紧密关系，品牌文化上也强调 DS 车型辉煌的历史，在定价上更是直接以德系"BBA"为标杆，而且价格比它们只高不低。但关键是市场根本就不吃这一套，如今 DS 的状态非常尴尬，未来也充满变数。

一个品牌究竟有多豪华，到底是奔驰更豪华还是雷克萨斯更豪华，到底是宝马更豪华还是奥迪更豪华，就这些问题只是口头争论是没有意义的。海外曾有媒体提出过一个相当合理的量化指标，那就是比较你这个品牌卖出的高级别车型与低级别车型的比例，高级别车型比例越大就说明品牌越豪华。这个指标简单、科学，容易操作。比如奥迪远比大众豪华，奥迪 A8 和 A6 级别的车型销售的比例，远比大众相关级别销售的比例要高，但与奔驰比可能还会有不小差距。

▲ 算不算豪华品牌不取决于你定价够不够高，而是正好相反，属于豪华品牌才有高定价的资本

7.3 豪华品牌"豪"在哪里？

豪华品牌敢于要价的资本来自哪里呢？独特的品质。

这里要把"品质"二字拆开来讲，"品"代表独特的豪华感受，是指品味；"质"代表传统意义上的可靠性，是指质量。质量是基础，在基础之上还要有独特的品味和性格。

在如今疲软的车市环境中，仍能保持销量强势增长的德系三个豪华品牌，每个都有着独特的"品味"：奔驰的优雅并不虚幻，它会让你迅速把紧张的神经舒缓下来；宝马则是另一番面貌，它会迅速把你的神经调动起来；而偏向平庸的奥迪在高科技的面纱下打造了最简单直接的驾驶感受。

买豪华品牌还是普通品牌 **Q7**

与德系豪华品牌不同，日系豪华品牌首先更注重"质"。在打造高可靠性的基础上，雷克萨斯打造的优雅与舒适完全是一种日式服务风格；英菲尼迪在设计的艺术感之外还打造某种运动感受；讴歌则以科幻感为独特诉求。

稍微留意你可以发现，日系三个豪华车品牌与德系的三个豪华品牌在性格方面有着某种巧合的对应。这并非完全巧合，而是要打造出完全出格的"品味"是很难的，一个最强的品牌先占据优雅是理所当然的，还有一个品牌可以抢占运动这个性格，再剩下不大的细分空间留给另外一个品牌罢了。

▲ 豪华自然要豪，超豪华的奢侈程度更会超乎想象，比如宾利、劳斯莱斯这类车型大量保持手工工艺就体现了自己的稀缺性。看这款宾利添越为你准备的旅行装备，只能说贫穷限制了我的想象力

如此也可以了解，为何美系的豪华品牌还没有找到一条明确的道路，凯迪拉克和林肯如今更多还是靠价格来争夺市场，这正是豪华品牌最不情愿、也最影响未来形象的"杀鸡取卵"策略。在设计上有点细节方面用力过度的DS，也没有提出一个朗朗上口的口号。

再补充个重要的知识点，虽然雷克萨斯以可靠性为最大卖点，但不是所有豪华品牌都有特别可靠的质量。质量过得去是基础，不一定要多强，而在此基础上打造出与众不同的"品"才至关重要，这种与众不同才是鹤立鸡群的根本。即使雷克萨斯质量可靠，但它依然有着独特的舒适和内饰设计感，否则也只是一个平庸的可靠的丰田罢了。更重要的是，豪华品牌的车型功能越来越复杂，高科技运用越来越多，可靠性方面甚至会有所降低，比如跻身二线豪华品牌的捷豹和路虎在可靠性方面就相当一般，但好像也并不影响它们的豪华地位。多贵的汽车都可能会出故障，价格贵不是贵在可靠性上而贵在其他地方，对此你要有清醒的认识。

▲ 雷克萨斯可谓"品""质"双修,能达到这样境界的品牌也不多见,只不过它的"品"更适合 40 岁以上的人,即使它的设计越来越年轻化

▲ 这辆 2015 款 S65 AMG 速度表上的 360 数字本身就是一种强悍和性能的象征,再仔细分辨你能发现这是一款武装了 12 缸发动机的车型,动力性能是豪华的必要条件,强悍的动力背后意味着整车各方面的平衡与强化

7.4　豪华品牌背后的故事

俗话说,每个成功的男人背后都有个成功的女人。豪华品牌也类似,每个品牌背后都有精彩的故事做支撑。

比如每个品牌都有自己独特的口号(Slogan),其实我非常建议消费者去认真体会这些口号,细细感受它们的调性与自己的性格是否吻合,因为这才是一个品牌精神内涵的最恰当表述。

不知道你是否熟悉奔驰的全球品牌口号,"The best or nothing",这反映了奔驰自信要做最好的汽车的态度,在全球估计只有奔驰才有这样的霸气吧。历史远没有那么悠久的宝马,经历过太多坎坷,最后确定的战略是要打造一个独特的豪华品牌,于是就把"运动"与"豪华"这两个本来稍有矛盾的性格统一起来,宝马的口号是"纯粹的驾驶乐趣(Sheer Driving Pleasure)",就通过运动这个稍显废话的性格(细想,哪个汽车品牌不运动?连雷克萨斯旗下也不乏运动车型),在豪华品牌阵营中站住了脚。

不只豪华品牌,普通的品牌也都有自己的口号。比如大众的中文品牌口号,几年前从"车之道,唯大众"改成了"车之道,为大众",极为深刻地体现了大众从前些年的过度膨胀中回归自我只是个平民品牌的服务性定位。

品牌多年的历史积淀也是成就一个品牌不可或缺的内容。汽车的历

买豪华品牌还是普通品牌 Q7

史,大多要和赛车运动联系起来。我自己更粗暴地认为,没有在赛场上取得过耀眼成绩的品牌,就不算有积淀的品牌。你看,捷豹有足够的资本去炫耀,阿尔法·罗密欧也有足够的底气敢于鄙视任何品牌。作为车主,不论你选择豪华品牌还是普通品牌,了解品牌背后的故事、车型背后的故事,都比娱乐八卦更有意思吧。

几乎每个伟大的品牌都有曲折多彩的历史。但好像我们对品牌的了解普遍太过肤浅。比如,大家都知道奔驰这个品牌,但对它的了解可能也就停留在它是第一辆汽车的发明者这个程度上。有多少人知道,为何奔驰车型的正式名称是 Mercedes-Benz 呢?为何公司名称里有个戴姆勒呢?这种最简单的名称问题,都没几个人想弄明白,包括奔驰车主。实际上,梅赛德斯-奔驰旗下是细分了很多车系的,奔驰、AMG、迈巴赫其实是平行的系列。

其他还有很多,比如,同属菲亚特集团旗下的阿尔法·罗密欧和法拉利是什么关系?曾经有过相互收购争斗的保时捷和大众又有怎样的纠

▲ SLS AMG 换代后奔驰就把 AMG 划分出来成为一个独立车系,因此这款车的名称叫做梅赛德斯 –AMG GT

▲ 虽然三叉星的标识没有变,但 Maybach 也是和奔驰平行的车系,它也不只是 S 级的专属,未来可能 E 级也会推出迈巴赫车款

▲ 法拉利 20 世纪 60 年代的跑车 250 GTO 经常拍卖出天价,2018 年一辆黄绿色涂装的 250 GTO 拍出了据说七千万美元的高价,法拉利本人最初是为阿尔法·罗密欧经营赛车队,之后才离开阿尔法·罗密欧开始自己打造赛车

葛？这些故事都远比任何电影更精彩。

再说个常见的品牌，奥迪。虽然它明确打造豪华品牌的历史并不久远，但奥迪本身的历史足够辉煌，也充满曲折。在第二次世界大战之前，由四个品牌合并而成的奥迪（那时候还称为Auto Union）就和奔驰有着势均力敌的赛场较量，可这段辉煌的历史被战争中断了。第二次世界大战后奥迪先被奔驰收购，却一直找不到自身的定位，它真正走上正轨和费迪南德·皮耶希密不可分，他是保时捷的创始人费迪南德·保时捷的外孙。坚持走技术路线的奥迪用quattro四驱、五缸发动机、全铝车身等独特的技术为奥迪打下了坚实的根基，如今奥迪的品牌口号依然与技术有关：突破科技，启迪未来。

▲ 费迪南德·皮耶希费劲周折说服董事会，使用新开发的四驱、五缸奥迪quattro征战各地赛场，成功地为奥迪树立了高科技形象

简单列举一些品牌故事的梗概，再多的故事就和本书的主题不太相关了。我要表达的理念是，豪华汽车不是一天塑造起来的，悠久的历史就是它们卖得贵的理由之一。作为消费者，也该去了解这些理由。

7.5 要豪华就要付出代价

就像找另一半，选择汽车品牌也要门当户对，所选品牌要和自己的身份相匹配。

你可以选择稍高端一点的汽车品牌，但选择太高端的品牌那不菲的成本你承担起来就要费劲了，这不只是车价本身，更包括保险、保养、维修等一系列成本。

前面说过，汽车品牌的豪华程度是不同的，即使同属豪华品牌行列也有高低之别，记住一句话：品牌的档次越高，从价格本身看就会越贵，或者说性价比就越低。因此，性价比高低本身就是个伪命题，理论上，市场上任何产品都是性价比最合理的，否则就不应该存活下来，只不过

"性能"需要全面的评估而不只是狭义的"功能"。

比如德系的"BBA"里面，全球范围内的按照档次高低排序应该还是奔驰、宝马、奥迪，同等级别的产品里，奔驰的车型应该就是定价最高的，总体上保险、保养、维修等用车费用也更高。即使平民型品牌，日系的丰田、本田、日产也有着档次上的高低差别，总体上看，档次稍高的丰田定价也更高。如果错误地评估自己的位置，比如前面说过的雪铁龙 DS，车价定在和奥迪不相上下，这才是真正的"性价比"异常，只能靠未来的降价来纠错。

▲ 如果你还处于斤斤计较保养费用的阶段，武装一辆装备这样的发动机的 G63 AMG 肯定会让你疯狂，但绝不是在驾驶的时候

7.6　总结：门要当户要对

至此可为这个话题做总结了。

门当户对是选择汽车品牌的原则，太高的品牌会让你不堪承受巨额的用车成本，太低的品牌也可能会让你失去满足感。

你可以小幅地向上浮动以追求一些满足感，获得更多的身份认同，付出的代价也在承受范围之内；如果你的消费意识就是勤俭节约，也可以稍微向下浮动去选择更低调一点的品牌，让它就充当一个代步工具。

问题8：买"鸡头"还是"凤尾"

小右："鸡头就是低级别车的高配款，凤尾就是高级别车的低配款，如果价钱差不多，你会选哪个？"

小左："我想想，估计会选低级别车的高配款。"

小右："那就是鸡头，为什么呢？"

小左："走在大街上，看到有相同的车，就知道我这个是最贵的，多牛！"

没错，鸡头凤尾的选择，是你用相同的价钱，选择低级别车里的高配车型（鸡头）还是高级别车里的低配车型（凤尾）。高级或低级也有不同层面的理解，包括车型级别的高低，也包括品牌档次的高低。

这个问题绝不像看起来这么简单，人们选车难主要就和这个问题有关，要成为选车达人，这部分一定得仔细读。

8.1　鸡头凤尾，根本就是厂商挖的坑

不知道你有没有分析过汽车的定价。几乎所有的汽车品牌，它旗下的各个车型系列，在定价上会尽可能地覆盖更大的价格区间，不留空隙，不留死角；而且，一个低级别车型的价格区间和一个稍高级别车型的价格区间会有重叠，这就造成了在鸡头和凤尾之间纠结的问题。

比如奥迪的轿车系列，从 A3 到 A8L 覆盖了从 20 万元到 100 万元的整个区间范围，只要你的预算在这个范围内，奥迪都有对应的车型可选。

Audi A3

Audi A4　　Audi A5

Audi A6

Audi A7

Audi A8

▲ 奥迪轿车系列，相邻级别车型之间基本都会形成价格的重叠，不会留有明显的空隙

买"鸡头"还是"凤尾" Q8

汽车厂家几乎无一例外采用这种覆盖策略,如果有品牌的车型系列留下了明显的空当,必定是出于某种极特殊的原因。比如从前的大众,在中型车(迈腾)之上直接就跳到了顶级的大型车(辉腾),中间不但完全缺失了中大型这个级别的车型(类似奥迪A6L),更在价位上留下了30万~80万元之间的巨大鸿沟。这背后的理由还是和当时掌管大众的费迪南德·皮耶希试图快速提升大众的品牌定位有关,但如今,大众已经修正策略,停产了辉腾,增加了中大型车辉昂。

可以说,厂家的价格区间覆盖策略很正常,可关键就是相邻两个级别车型之间的价格重叠,让你很容易在左右为难之间失去主见。

▲ 当年,大众车系直接从迈腾(相当于奥迪A4)跳到了辉腾(相当于奥迪A8),中间缺失了中大型车(相当于奥迪A6)的支撑,自然也难以支撑起市场的认可度

比如你预算是25万~30万元,预期是想用大概25万元裸车价购买奥迪A3,再加上税费保险,30万元以内搞定很轻松,甚至还能有点富余。可你会发现A3低配车的配置少得可怜,你最在乎的皮座椅和天窗都没有,座椅是手动,空调也是手动,感觉不如高配车型划算。好了,你去比较高配车型,可又发现高配车型的价格再稍微多加一点钱就可以买到更高级别的A4L了,毕竟尺寸大了不少,看着档次也提高不少。这时

▲ 如今大众重新梳理了车系,停产了辉腾,把中大型级别的辉昂作为品牌向上提升的工具,但就像我们前面说过的,你是不是豪华市场自有判断,更多消费者会去选择奥迪A6而不是这款大众辉昂

如果4S店的销售再火上浇油点拨你几句,你可能下意识里已经否定了A3,把新的期望和预算都提高到了A4L上。

厂家的配置,就是让你左右为难的。一位汽车网站的老总曾经说过:"汽车的配置就是让你花多少钱都不能满意。"我想说,的确如此。

8.2 鸡头凤尾根本就不是二选一的问题，而是预算不断上涨

你刚才的选车过程还没有结束，现在你的新期望值已经是用28万元的裸车价购买低配版A4L了。可是你又再一次面对配置低的问题，比如布座椅，你又一次再去比较高配置车型，又一次提高预算。可是，如今的市场价格32万元基本上就可以买到低配的A6L了，你又该怎么办？要不要再次提升期望值？

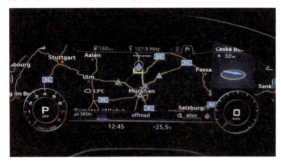

◀ 厂家在每个级别里都会为高配车型武装上几个极具吸引力的配置，否则谁会那么傻去多花钱买高配车呢？比如当你把期望从A3提升到A4之后，你可能会发现图中这样的全液晶仪表板是最具吸引力的配置，可它的价格确实已经进入到A6的价格区间了

鸡头凤尾之所以是个大问题，不在于二选一，而在于它会让你不断地提高预算和期望值，结果就是，你在仓促改变预算和期望的过程中，早已乱了方寸，根本忘记了自己当初决定买车时最关键的诉求。没有了主见的你，最终很可能是买了一辆4S店的销售最希望卖出去的车。从20万元的A3升级到40万元的A6，这可不是稍微提高了。

这才是"鸡头凤尾"这个简单问题的可怕之处，这才是选车有难度的地方。如果只是二选一，大不了扔硬币就能解决，但真正去买车时你做出第一次预算改变就会有第二次、第三次。不过，你了解到了这个问题的连锁反应后，就不难解决了，不外乎提前确定一个坚决不改变的期望值和预算。

下面，我们只需要解决这个简化之后的二选一的鸡头和凤尾问题。

8.3 鸡头凤尾该如何选？

你该选鸡头还是凤尾呢？

既然鸡头凤尾本就是厂商挖的坑，这个坑自然有足够让你跳的理

买"鸡头"还是"凤尾" Q8

由。深谙消费心理的厂商,不会让其中某一款车型太有吸引力而让另外某款车型失去竞争力,鸡头凤尾各有各的优缺点。

更高级别的凤尾能让你享受到更多车本身的东西,比如驾乘感受、安全级别;低级别的鸡头能让你享受到更高级别的配置。每个人都有自己的倾向与喜好,但从汽车本身的内容看,无疑凤尾的内容更丰富。

前面已经说过,汽车世界里有严格的尺寸级别的划分,级别上升一级,汽车的内涵就会有质的提升,包括安全级别、动力级别、高速行驶的稳定性、底盘调校等,唯一降低的可能也就是赛道圈速(毕竟车的尺寸大了,车的重量大了)。

通俗一点说,你提升汽车的某个指标不难,但你要把一辆车的各项指标,都提升到高一个级别车型的水准,绝不如去买一辆高级别的车,这需要整车的平衡。专业的汽车改装强调的就是平衡,动力提升了就要提升轮胎和制动性能,这会造成簧下质量增加,需要增加悬架的强度,这又会改变整个车体强度的要求。

也可以拿这个指标作个简单的例子:汽车的"最高安全行驶速度"指标。级别低的车型很难超过级别高的车型,厂家公布的指标只是"220千米/时"或"240千米/时"这样简单的数字,可背后20千米/时的差别却意味着很多你看不到的内容,比如底盘调校的功力,比如高速上的空气动力学效果,比如高速稳定性以及操控性,比如制动和轮胎的性能,比如动力系统的能力……

要充分理解这个指标,你要注意到其中的"安全"二字,这不是这款车能够达到的极限速度,而是厂家车辆做过充分测试后,能够确保车辆基本安全的车速。我们做过测试,很多车辆都能达到远超厂家标识的最高车速,但厂家的含义很明确,这是厂家能够保证车辆本身安全的速度。

总之,高一个级别的车型不只是尺寸的加大,而是各方面指标的全面提升,这种驾乘感受的质变才是级别提高的核心内容。简单说就是人们会觉得更高级别的车不论看起来还是坐起来都更舒服,这些提升才是核心关键。因此,如果你更追求有关驾乘感受的内容时,凤尾无疑要强于鸡头。

◀ 奥迪 A4 的仪表板最高速度标在了 300 千米/时，说明有车型能够接近这个数值。的确，国产的 2.0T 的四驱版奥迪 A4L 最高车速能达到 250 千米/时，即使你买的只是一辆最低配的 1.4T 车型，整车的骨架也相差无几。你可以这么考虑，如果你的车能够安全地以 250 千米/时的车速行驶，那么你在 120 千米/时车速行驶的时候是不是会非常游刃有余？这就是虽然全球除了德国外很少有不限速公路，但各大汽车厂商依然会把极速设定在远大于 120 千米/时的理由

8.4 汽车性能的那些数据如何解读

既然鸡头凤尾的问题已经涉及了汽车性能，这里也补充一点如何解读汽车性能数据的内容。

很多人常会用什么"功率重要还是转矩重要的问题"来刁难你，其实这些数据都是相互关联的。大功率更意味中途加速的强悍，最大转矩以及转矩出现的最低转速经常能体现中低速加速的能力。如果你不了解 250 马力和 150 马力到底有多大区别，你只需要去会关心 0—100 千米/时的加速时间、最高安全车速、工信部油耗等这些数据。

就是说，即便你不了解代表过程的数据，你只要关心那些表示结果的数据，一样能对一款车的性能有全面的评估。

如果你有理工男的钻研精神，我们也不妨简单分析一下功率转矩曲线图。图中实线是最大功率，最大达到 110 千

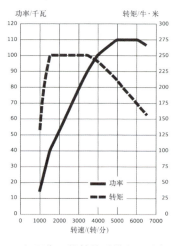

▲ 如果你不能熟练看懂上面这幅功率转矩图表达的含义，只要你查阅到这款 1.4T 的奥迪 A4L 具有的 0-100 千米/时加速成绩是 8.4 秒（对大多数人已经足够快了），最高车速是 215 千米/时（对大多数人已经足够用了），工信部百公里油耗是 5.7 升（经济性也平衡得非常不错），你就对它的性能有了足够的把握

瓦，就是 150 马力，这并不是一个非常强悍的数据。功率曲线在 6000 转 / 分处开始下降，说明如果你获得最大直线加速性能，初步预计要在 6000 转 / 分换档。虚线是转矩曲线，最大达到了 250 牛·米，但转矩曲线的关键还要看转矩平台的宽度和起始点，它在 1500 转 / 分就能达到最大转矩说明具有不错的低转速提速性能，最大转矩在 3500 转 / 分开始下降。

当然，比较这张来自奥迪海外的官方图，可以知道这款 1.4T 的发动机在国内做了重新调校，国内发动机最大功率和转矩数据都没有变，但最大转矩平台是 1750~3000 转 / 分，转矩平台两边都更窄了。好在这款 1.4T 发动机已经国产了一段时间，很多车型都在使用，口碑也不错。

8.5　问题还远没有结束

别以为这问题结束了，它还有变得更复杂的倾向。

前面分析的鸡头凤尾，都是从级别大小的角度考虑，另外还有品牌档次高低上的鸡头凤尾。单纯在这两者之间选择也并不困难，和前面讨论过的豪华品牌和平民品牌类似，如果价钱差不多，自然是选择豪华品牌了。豪华品牌本身的用料、调校都有着自己更高的标准，它不能自己砸自己的牌子啊。

可是，级别的高低、品牌的高低再混杂在一起，问题就变得更加复杂了：同等价位，你要买更高品牌的低级别车，还是要买低档品牌的高级别车？

这就只能具体问题具体分析了。如今豪华品牌和普通品牌的价格差距在越来越缩小，你选择起来也越来越需要靠个人喜好而不只是理性。比如，奥迪 A3 和大众迈腾之间，我个人肯定还是倾向用料和品质更好的奥迪 A3，即便它的级别更小，但它提供的驾驶感受不输于迈腾；可是，如果你更需要大空间，大众迈腾肯定才更适合。

8.6　总结：预算和预期一定要坚定

选车难，难在你自己都没有坚定地确定自己的预期，"见异思迁"，"迁"着"迁"着就不知道走哪里去了。到底怎样理清自己的头绪呢？

其实也很简单,提前树立坚定的预算和预期,并且把你心里最看重的东西列举出来,比如品牌倾向、级别、配置,并且把它们区分出哪些是一定需要的,哪些是可有可无的。

把这些步骤完成,你需要什么车基本上就浮出水面了。但要注意,必需的项目要再三思考后添加,让你的预算首先满足这些必备项目,再去按照重要性满足自选项目。

比如很多配置并不像你想象的那么必要,如果你的车不经常换人开,电动座椅可能几年都不会调节几次;比如自适应巡航,如果你不信任它反而是累赘;比如自动泊车,对于开车老手更是摆设。这一切都因人而异,具体这些配置,我们会在第二部分专门分析。但有个趋势是,随着道路越来越堵,汽车的高速行驶品质越来越不重要了,反而是各种高科技配置和舒适功能变得越来越吸引人。

▲ 如今,汽车能不能和手机互联、车上有几个USB充电口等因素甚至比这辆车的性能更重要,这让毕生投入到汽车性能改善的汽车工程师情何以堪啊

选择凤尾,你能获得驾乘感受方面的更高享受;选择鸡头,你要牺牲更好的驾乘感受换取更丰富的配置。不管你如何选择,希望你把选车的问题越来越简单化,而不是越来越复杂化。

问题9：买"烂大街"的车还是"小白鼠"车

小左："我肯定买烂大街的车呀，烂大街怎么了，人们全都买就说明质量好，修车也方便。"

小右："你说的有道理，烂大街的车没问题但也别太烂，多少还是得稍微新款一点儿，能综合一下就行，比较新的街上也不少见的车最好。"

这个问题，我们还是先明确"烂大街"和"小白鼠"的定义。

这里，"烂大街"的车就是成熟但老旧的车型。在极其怪异的中国汽车市场里，甚至出现过三代同堂（比如马六、睿翼、阿特兹）和四代同堂（现代伊兰特、悦动、朗动、领动）的惊人景象，说明了我们是多么喜欢随大流，随到新车推出都无济于事，还是去买那些老车。

相对的，如果你不喜欢这些老掉牙的车型，你也可以选择最新款的"小白鼠"车。称为"小白鼠"车也不是污蔑，任何车换代之后的最初阶段，都可能会有质量不稳定的情况，随着这些问题暴露出来车辆的质量也趋于稳定。

选择"烂大街"的老车，质量更稳定，但技术更老旧；选择"小白鼠"的新款，采用了最新的技术，却有可能出现质量问题。你该怎么选？

9.1 新老更替的潜规则你还不了解？

汽车新款和老款的选择，在汽车产业发达的国家本来不该成为问题，因为新款车型推出后老款基本上肯定停产。

毕竟，车型的更替是汽车厂家生存的重要支柱，如果人们都不换车，厂家还怎么卖车？就像 IT 行业，软件和硬件版本相互推动着对方的更新，最终推动行业快速向前发展。一个行业里永远没有"够用"这个概念。

汽车厂家对车型的新旧更替有着一定的潜规则。基本的规则就是，五六年大换代，中间会有中期改款，再细分还可能有年度的小改款。有些厂商的节奏快一些，有些节奏慢一些。如果一个新车型上市后很失败，也会加快改款和换代的节奏；如果一个车型很成功，换代的节奏可能就推迟一些。

大换代，除了外观和内饰上会进行重新设计，车辆的核心内容也会有本质的变化，比如车身尺寸会有变化，动力系统可能会替换成全新的，因此大换代车型的整体驾乘感受也会有本质的提升。

中期改款，基本上是对这一代车型的普遍性问题进行一些升级改进，并且对外观做一些比较明显的改动。至于年度小改款，基本只是厂家借助改换一些不起眼的外观细节，增加在媒体上的曝光率，并且借助配置的增加提升这些"人老珠黄"车型的性价比。

9.2 没有历史才是真正的不成熟

大约十年前，自主品牌几乎就没有一款车能进化到第二代，却不厌其烦地开发新车型，叫着新名字。没有车型的更新换代，一款车就不会有本质的进步。近几年，自主品牌还是有些车在踏踏实实地换代，这就是可喜的进步。

成熟的品牌，成熟的车型，都会有着悠久的历史传承，并且每次换代都有明确的技术更新。我们举几个大家熟悉的例子。大众高尔夫，第二代没进入国内，但第二代的三厢车就是国产的第一代捷达；第三代在国内没什么影响，但后来捷达改款是借鉴了第三代捷达的外形；第四代高尔夫，就是国产的第一代高尔夫，价格略高的两厢车定位让它最初叫好不叫座，而第四代捷达，就是国产的第一代宝来，可见那个时期一汽大众的产品还是有优势的；第五代高尔夫平台的产品，就是国产第一代速腾，后期使用 TSI+DSG 动力系统；第六代高尔夫和速腾都国产了；第七代高尔夫在动力系统的可靠性上进行了改进，但它是大众低谷时期的产品；第八代高尔夫的谍照已经曝光，应该会在 2019 年面世。这就是一款车清晰的脉络。

日系里的丰田凯美瑞，从 1982 年的第一代发展到 2017 年上市的款

买"烂大街"的车还是"小白鼠"车 Q9

型已经是第八代,本田雅阁从 1976 年到现在已经是第十代。其他几乎你能叫得出名字的合资车型,从卡罗拉到思域,从 CR-V 到 RAV4,都有一代代的传承,你不妨去了解了解,你所钟情的车的历史和起源。

每款车都不是完美的,都可能有这样那样的问题,市场的需求也在变化,车型换代或改款,一方面对已有的问题进行改善,一方面更加适应新的要求。比如奥迪 EA888 发动机烧机油的问题,上一代后期改款的 Q5 就已经用第三代 EA888 替换了第二代 EA888,以尽可能解决机油消耗过大的问题时,如果你考虑购买 Q5,我自然强烈建议你不要选择修改以前的车型。

从这个角度看,真正的小白鼠不是新款车,而是连历史都没有的车型;有深厚历史作积累的车型,推出新款也不会太过"小白"。

这里要再普及一个防忽悠招数。我们制造新车不拿手,但制造词汇很拿手。

本来,中期改款通常称为"新",大换代通常称为"全新",可慢慢地,越来越多厂商开始故意破坏规则,多小的改款都敢称为"全新",甚至称为"新一代",弄得真正的换代只能称为"全新一代"。这不由得让人想起"小杯中杯大杯"和"中杯大杯超大杯"的文字游戏了。没办法,如果你不了解这些命名潜规则,你就难免被误导。

▲ 第八代凯美瑞采用了全新的 TNGA 架构,丰田要提升旗下车型的运动感,车身刚性更强,重心更低,动力系统上凯美瑞更是用上了业内最高热效率达到 40% 的 2.5L 自吸发动机,混合动力版热效率甚至达到 41%,2.5L 车型还匹配了 8AT 的变速器,可见一次换代让一个车型有怎样脱胎换骨的变化

▲ 大众高尔夫到现在发展到了第七代

▲ 宝马 3 系发展至今已经是第六代,底盘代号 G20 的第七代车型将在 2019 年上市

▲ 现款的第六代宝马3系内饰还是延续了多年的宝马风格

▲ 只从内饰本身就能感受到第七代宝马3系发生的巨大变化,但我个人还是更喜欢因为风格粗放而饱受批评的第六代内饰

9.3 新技术更新越快,老款车越不值钱

信息通信领域的快速发展,也冲击着一向步调稳健但也步伐沉重的汽车领域,最简单的表现就是,以前玩IT的都开始造车了,他们造车的理念确实和有百年积淀的汽车厂商很不一样。

传统汽车厂家体量极其巨大,但受到的理念上的冲击却是毋庸置疑的。比如传统厂商推出一款纯电动车,就纷纷被媒体称为"特斯拉的真正对手",要知道爷爷辈的奔驰、保时捷、捷豹这些品牌在造车领域的心得,绝非"小年轻"特斯拉所能望其项背的。

当然,且不论新势力造车最后能存活几个,有特斯拉这样的刺激和搅动,传统汽车品牌对新技术的更新无疑要从原来极度保守的态度变得越来越激进了。这样的结果就是,新款车型的技术更新越来越快,老款车型就越来越显得落伍。

9.4 经济性的要求让动力系统改进迅速

全球都为汽车厂商制定了严格的排放法规,来限制汽车企业平均燃油消耗量标准(Corporate Average Fuel Economy),简称为"CAFE",业内俗称为"咖啡"法规。中国自然也有自己的"咖啡"法规,简单说就是要到2020年,车企所生产销售的全部车型的平均百公里油耗值,要低于5升。

这个法规没有回旋余地,不达标就要受罚,因此很多自主品牌开始

买"烂大街"的车还是"小白鼠"车　Q9

生产纯电动车型，比如长城开始和宝马合作，很多品牌开始砍掉大油耗车型，比如一汽丰田停产了国产兰德酷路泽而只以进口形式销售。这些措施只是辅助手段，关键还是要在发动机本身寻求解决办法。

且不论纯电动或混合动力系统的推出，就算传统汽油动力也在发生着飞速的变化。几年前，进口版路虎极光刚上市时，太多人嘲笑这款中型SUV竟然使用2.0T的发动机，现在宝马X5这种中大型SUV使用2.0T发动机已经是普遍现象了。小排量增压发动机作为节油利器，日系厂商也普遍开始采用并且态度激进，日产公司甚至开发出来可变压缩比发动机，来平衡动力与油耗的关系。

这里我们要提醒一下，有时候厂家会对没有什么技术含量的东西大加宣传，因为这能吸引眼球，比如一辆车里设置了几个USB充电口；但有时候厂家对投入了重金研发的技术一笔带过，因为消费者对背后付出的努力没有什么感受，就比如日产推出的这台可变压缩比 VC-Turbo 发动机，在业内可以说是一直在研究，但真正能够做到量产的还是第一个。

▲ 率先在英菲尼迪车型上采用的这台可变压缩比发动机也应用到了天籁上，它的优点就是会随时调整压缩比，压缩比大意味着热效率更高，但低压缩比时动力输出更强，可变压缩比就可以让发动机随时适应需求，做到经济性和动力性的平衡

无独有偶，在日产拿出可变压缩比发动机之前，马自达在更早之前也拿出了一个可称为具有里程碑意义的产品，那就是创驰蓝天X项目的压燃式汽油发动机，虽然仍有辅助点燃的成分，但在一定工况下纯粹采用了压缩点燃，据说把压缩比做到了18:1（之前创驰蓝天第二代发动机做到14:1就已经让人吃惊了），传说中的热效率更是达到了51%。

▲ 柴油机才使用的压燃具有更高的燃油经济性，汽车工程师一直没有放弃在汽油机上尝试压燃，马自达第一个实现了量产，但仍有技术细节处于保密状态

如今各大品牌车型的油耗值都在降低，这不但来自发动机的技术提升，也来自于双离合变速器（DCT）或无级变速器（CVT）的使用，在新车型工信部百公里油耗数据每降低哪怕0.5升的背后，都包含了厂商巨大的努力。

▲ 马自达3昂克赛拉会配备这款采用压燃技术的2.0L汽油发动机，这意味着这款发动机的成本控制应该也做得很好，否则对这款紧凑型车的成本会有不利影响

对了，工信部油耗数据是否可信呢？你虽然不能把它作为你用车的绝对指标，但它绝对是可信的。用它乘以某个系数就可以得到你的实际路况的油耗数据，这个系数根据你的实际路况的不同而不同，可能是1.3可能是1.5，更重要的是，这个油耗数据用于对比不同车型之间谁更具经济性是最靠谱的，远比某个媒体给出的所谓实际道路测试更靠谱，不论是严格的测试条件还是法律效力。

▲ 从第六代高尔夫开始采用的涡轮增压加双离合动力系统，虽然可靠性上遇到了一些问题，但在经济性表现上展现了一定的优势

9.5　主动安全的革命性进展

特斯拉给汽车行业带来的冲击，一个是打造纯电动的高端车型，另一个就是对智能驾驶技术的激进应用。

传统汽车厂商在智能驾驶方面的技术积累一点也不比特斯拉弱，比如奔驰、沃尔沃、英菲尼迪，但特斯拉却激进地配备了四级自动驾驶系统。这种激进的做法自然无法避免一些安全的问题，但传统汽车厂商也实实在在地感受到了压力，如今传统厂商也在加速推进自动驾驶技术的应用，但更多还是以辅助驾驶的姿态提供，比如各个品牌的自适应巡航功能。

英菲尼迪更是几年前就在Q50车型上采用了线控转向的功能，这个功能的实现让汽车的转向完全受电子信号控制而非机械操控，无疑这对于自动驾驶是一个坚实的基础。当年的 Q50 更是早就可以实现长时间的高速自适应巡航，不但可以保持与前车的安全距离，更可以在高速上自动保持在车道线内，哪怕有转弯的路段。

▲ 传统汽车厂商对自动驾驶功能的应用更多还是辅助驾驶的主动安全层面上，但无疑这些功能也是自动驾驶的一个部分，或者说处于稍低的自动驾驶级别

▲ 如果你的车上有这样的 DISTANCE 标识，说明你的车具有自适应巡航能力，会自动控制与前车的安全距离，这功能也会有越来越多的车型配备

◀ 线控转向会带来很多新奇的辅助驾驶感受，比如车辆在自适应巡航时对前轮的修正完全与方向盘隔绝，就是车主完全感觉不到车辆本身在时刻修正方向，另外传统汽车前轮通过传统的机械转向机构反馈到方向盘上的路感也被完全隔绝了，取而代之的是汽车虚构出来的路感，当然，目前这套线控转向机构仍然有机械连接的备份，紧急情况下可以接管

9.6　汽车在慢慢变成移动的计算终端

以前，人们对汽车的期望至多是安装了一些移动设备的汽车，未来，汽车可能会变成安装了轮子的移动设备。

近些年来，汽车的发展出现了两个路径。第一个仍然是与机械性能相关，比如经济性的提升，比如新能源的引入，比如驾乘感受的提升，比如轻量化的努力，比如风阻系数的降低等。

另一个路径就是与信息、智能相关。最初只是简单的信息与集成，是为汽车提供网络以便实时获取在线资讯和路况等信息，之后实现汽车与手机的互联，把人们离不开的手机与汽车融为一体。再之后就是智能化，要为未来自动驾驶的深入实现汽车与汽车之间的通信、汽车与周围道路、设施、行人之间的通信。沿着这条路径发展，汽车就成为了一个具有轮子的智能计算设备，与周围设备通信，并且也产生数据。

9.7 总结：买新不买旧

在几年前，如果你买旧款车，多少还能理解，可现在时代不一样了，汽车技术更新的速度太快了。

▲ 即便我这种对汽车本身的驾乘感受有极大优先级的人，也不得不承认奔驰A级这样的双大屏绝对是市场上的杀手锏，相比之下它的后悬架是不是独立还有人关心吗？这样的新A级无疑让同级别对手都难以招架，更别说旧款车了

IT行业通过软硬件相互促进，得到了飞速的发展，硬件刺激软件，软件再刺激硬件，不论你买了多先进的硬件或者软件，短短一两年就不够用了，就要更新。

经过百年发展的汽车，一直还是作为耐用消费品，设计定位就要保证几十万千米的可靠性，而不是一两年就要换。不知道这是幸运还是不幸。但不得不承认，新车落伍的速度在迅速加快。

回顾过去，大概十几年前，市面上开始有新车替代老三样的时候，我也还没有进入汽车媒体行业，我也有这样的稚嫩想法：咱们有老三样就够了，商务的买桑塔纳，家用的买捷达，再非得追求点个性的买富康就行了，这些车技术又成熟，维修又方便，配件也便宜，也分不出什么三六九等，好像没有缺点，何必还要去生产这么多乱七八糟的新车，又有谁会去买那些没有经过市场检验的新车呢？

后来，我对汽车行业有了更深的了解，并且随着中国汽车市场一起成熟，就慢慢领悟了一个道理：汽车市场车型的推陈出新，是推动汽车技术前进的动力，没有新款车，就没有汽车的更新。汽车的不断更新是人们的一大欲望，就像人们总喜欢更新的手机一样。

人类的需求本就不存在"够用"这个概念，或者说社会的发展已经抛弃了"够用"这个概念。几十年前的汽车就够用了，但现在的新车在刷新着新的大屏内饰、新的信息化技术、新的更节油的动力系统、新的主动和被动安全技术，别说旧款车，有的新车刚出来就落伍了。

问题10：买传统燃油车还是新能源车

小左："新能源车？不买，我摇的是汽油车的号，肯定不能改换到新能源车那边。"

小右："要是不考虑号牌问题呢？"

小左："不考虑号牌问题？那我问问你，不考虑号牌问题，有多少人会去买纯电动车？"

小右："那倒也是。"

这个问题其实是上个问题的延续，只是这里的"小白鼠"更加"白"，"白"到了新能源领域。

新能源车却也不同，包括纯电动车，也包括混合动力车，对它们也要区分看待。政策上，它们也是被区别看待的，像北京，新能源号牌基本上都是纯电动车，包括少量的插电混动车。实际上，如今在北京想得到一个新能源汽车的号牌，排队据说也已经到了2026年。

这一章，我们不考虑号牌问题，只从燃油车和新能源车本身来讨论，到底现在是不是尝鲜的时机。

10.1　如何向新能源车过渡？

汽油车早晚会过渡到新能源车，这是个共识。

但未来新能源的格局是什么样？汽油向新能源过渡的过程是怎样的？对此存在诸多看法。

未来，新能源车可能包括纯电动、燃料电池等不同的技术路线。纯电动很好理解，直接用电池里的电力驱动电机；最近开始受到重视的氢燃料电池可能还不太被人理解，它通过氢气与氧气发生化学反应，生成电和水，生成的电就用来驱动汽车，排放只有洁净的水。虽然被称为"燃料电池"，但它生成电的过程并没有传统内燃机那样的燃烧过程，车内的电池也只是作为辅助储能的作用，如果真按照工作原理可能被称为

"氢反应生电驱动的汽车"更合适。

如今在全球汽车版图中，燃料电池发展比较靠前的有丰田、现代和本田，宝马在很久前也发展过氢燃料电池技术，但后来又不见了动静。

▲ 奥迪要借鉴现代的燃料电池的相关技术，奥迪的电动新能源车型称为 e-tron，氢燃料电池新能源车型称为 h-tron

▲ 丰田不但在混合动力方面领先，在氢燃料电池车型上也是最领先的厂商，相关车型早就在北美市场有批量的投放

纯汽油动力向纯电力驱动的过渡，必然会经历混合动力的阶段，只不过这个阶段可长可短。混合动力车型，综合了电动的低能耗和汽油动力的方便性，车主可以最大限度保持现有的用车习惯，是过渡阶段的不错选择。

丰田无疑是混合动力技术的标杆，有人甚至开玩笑，世界上有两类混合动力车型，一个是丰田的混动，一个是其他的混动。混动车型就是汽油发动机和电力共同驱动，虽然还会有串联并联、插电与否，甚至 P1、P2、P3、P4 等各种细节划分，但从总体效果上，它在你需要强劲动力的时候能够综合两方面的动力，在你轻负荷的时候可以关闭发动机只靠电力驱动，在减速的时候能够回收动能并保存为电力。达到的效果就是，混合动力车型应对走走停停的城市堵车路况很有优势，没有了怠速消耗，充分利用动能回收，卡罗拉这样的混动车型基本上百公里油耗不会超过 5.0 升，即便混动的凯美瑞和混动的雅阁综合油耗也只在 5.5 升左右。

实际上，当混动车型的百公里油

▲ 雷克萨斯在国内大规模铺开的混动车型，还是 CT200h，而且它只有混合动力的车型

买传统燃油车还是新能源车　**Q10**

耗降到 5.0 升以下时，纯电动车型经济性方面的优势就愈发不明显了，毕竟纯电动车型巨大的电池成本和对重金属的回收处理成本都要考虑在内，纯电动车消耗的电力折算的碳来排放也并没有消失，而是集中到了发电厂环节统一处理。除非电力的源都成为纯净的绿色电力，才更能体现出电动车的低排放优势。

▲ 混动车型 CT200h 价位并不高，直接在市场上与传统车型竞争，而不是靠着人们为环保买单的心理存活

还有一种混动的形式是增程式电动车，汽油机只负责发电，而驱动只依赖电力。最先探索增程式并取得一定影响力的包括雪佛兰沃兰达和增程版宝马 i3 等，具体我们就不详细展开了。

▲ CT200h 依靠混合动力的驱动，在极度省油的前提下，也提供给用户能够接受的动力水平

▲ 丰田卡罗拉双擎就是混动车型，价位基本上和普通汽油版车型持平，而且混合动力系统经受了市场多年的检验，中国市场很快又要投放插电式双擎车型

10.2　纯电动车可不是新鲜技术

纯电动汽车并不是新鲜物件，甚至，它的历史可以追溯到百年前。

那时汽车也刚刚诞生没有多少年，号称有史以来最伟大的汽车工程师费迪南德·保时捷，在 1900 年前后就把自己的轮毂电机

◀ 保时捷打造的第一辆纯电动汽车，巨大的电池位于中部下侧，驱动形式上应用了自己拥有的轮毂电机专利，即便今天看来这设计也不落后

71

专利转化为真正的汽车产品，甚至还先后打造出了纯电动汽车和增程式电动汽车。

如今的电动汽车，可以看成是百年之后的卷土重来。百年前，电动车的尝试就是为了和汽油车一较高下，看看到底谁更适合驱动汽车。如今，电动车是为了降低汽车排放。

◀ 为了改善纯电动汽车的续驶里程问题，保时捷很快又设计出了内燃机发电的增程式电动车，这也是如今的增程电动车的思路

10.3 纯电动的时代到来了吗？

纯粹汽油动力向纯粹电力驱动的过渡必然要经历一个过程。我国对纯电动的补贴政策，引发了纯电动车经历了一段畸形的增长，但毕竟拉动了消费者的热情。不过，随着纯电动汽车彻底回归市场，对电动汽车的选择也逐渐回归于理性。

纯电动车型虽然有特斯拉等几款明星车型，但毕竟充电基础设施不够普及、充电时间长、续驶里程短等问题依然存在。人们把这个问题称为"里程焦虑"，纯电动车型还只能是在城市里行驶使用，距离广泛普及还有一点远。

"里程焦虑"其实是一系列问题的综合。首先是续驶里程短，尤其到了冬天更加严重，加上开暖气的话降低一半也不过分，如果你的车续驶里程有300千米，降一半只有150千米，你基本上就不敢开去陌生的远方了。然后就是充电基础设施的问题，充电桩不普及，普及了

▲ 抛开特斯拉车型本身优劣不谈，特斯拉已经改变了全球的汽车版图以及汽车厂商的工作模式，从这个角度看特斯拉已经非常成功了，其他很多行业也需要有"特斯拉"的搅动

买传统燃油车还是新能源车　Q10

也不一定工作，工作的话也不一定通用，通用的话还可能被别的车占据了车位，一系列问题。再之后就是充电时间长，动辄两三个小时的时间，你出趟远门走 200 多千米就得休息 3 小时，这还怎么走啊。纯电动车也有优点，包括所花费的电费要低一些，基本不用对动力系统进行保养，但这些优点显得太苍白了些。

特斯拉一进入市场就切入高端，从跑车入手，并且吸引了诸多明星成为第一批车主，深谙互联网时代的营销套路。国内传统自主品牌推出纯电动汽车，不免有些急功近利，但也不乏脚踏实地的产品，这自然需要你多多评估之后再选择相对靠谱的车型。合资品牌也在加速推出纯电动车型，比如保时捷、捷豹、奥迪、奔驰都在迅速推进。当这个市场进入真正的白热化竞争后，可选的车型和可靠的车型就会越来越多。至于所谓的"PPT造车"或称新势力造车的热闹，因为没有足够的造车积累，在选择时还是要多多慎重。

▲ 保时捷第一款纯电动量产车 Taycan 已经透露了无伪装测试照片，预计产量也提升到每年 4 万辆，这是真正对特斯拉 Model S 发起冲击的车型，如果价格相当，你会选择特斯拉还是保时捷？

▲ 奥迪传奇车手，保时捷御用试车员 Walter Rohrl 在 Taycan 的内部测试中频繁露面，保时捷无疑是在展示自己丰富的赛车经验和造车积淀，这正是特斯拉最缺少的

▲ 奔驰的电动车品牌 EQ 旗下第一款量产车 EQC 已经发布，预计 2019 年内会上市，这是一款 SUV 车型

10.4　总结：可以吃螃蟹，但不做小白鼠

尝鲜是可以的，不管是主动还是被动，但尝鲜可能尝到美味的螃蟹，也可能成为牺牲的小白鼠，这就要根据上面的分析做出理性选择。

选择汽油车无疑是最可靠的，混动车型基本也为电池系统提供了多年的质保，而且经受了一定时间的市场检验，既面向了未来，又有很好的经济性，也不改变用车习惯。

至于纯电动车，就要看自己的用车环境。至少在用车体验方面，受到制约的远不只车辆本身，更和充电桩的普及程度有关。如果你考虑纯电动汽车，你的需求一定是在城市里使用，家里或公司必须有固定的充电桩可用，否则你会体会到小白鼠的痛苦。

问题11：买深色还是浅色

小左："颜色这事儿就完全看个人了吧，我觉得除了黑色，其他都行。"

小右："白色车显大，还不爱脏，我首选白色。"

小左："白色车不爱脏？"

小右："准确地说是不显脏，最容易显脏的反而是深色车，比如黑色。"

汽车的颜色，的确只能根据每个人的喜好去选择。

一般来说，年轻的人更喜欢轻松活泼的颜色，年纪大的人更倾向稳重深沉的颜色。当然也和车型有关，如果是跑车或者强调运动的车型，选择黑色的就比较少见；如果是做商务或行政用途的，黑色就占据了绝大多数。

这个问题貌似已经回答完毕？没有，我们还要聊聊颜色背后的很多话题，这些内容或许可以帮助你来决策。

▲ 行政或商务目的的车更多还是以沉稳的深色为主，一切看诉求

11.1 给颜色起名就显得有文化？

一款车的颜色，很少会用"白""黑""红"这样直白惨淡的称呼，一定要起个特别显档次的名字，至于你从这名字能不能知道具体颜色是什么样，那倒无关紧要。这堪称不花钱就能直接提升车型档次的"武林秘籍"，汽车厂家自然都在修炼。

每个品牌，每个时期，每款车型，都可能有不同的颜色命名方式，这也会涉及品牌的历史和文化诉求。把各个品牌用过的颜色名称做个详细的梳理，其实是件很有意思的事情，但这不是我们这本书的目的，在这里只举些简单的例子。

以宝马为例。以运动为诉求的宝马，自然不能缺乏赛车元素，它的颜色命名体系里有很多以各大著名赛车场命名的颜色，虽然赛车场和颜色很难让人想到有什么直接的联系。比如光是蓝色就有蒙特利尔蓝、摩纳哥蓝、勒芒蓝等，别的颜色还有什么达喀尔黄、伊莫拉红、瓦伦西亚橙等。看到这些颜色名词，你绝对想象不到各个"蓝"之间到底有怎样的区别，看到了真车的颜色你也不太可能立即对应到这些名词。这些名称的作用，就像一位叫做"鱼翅"的厨师做的"鱼翅炒饭"那样让你产生无限遐想吧。

▲ 不是真正的"死忠粉"很难叫出每款宝马车的颜色吧，比如这款 M3 的蓝色

赛道并不是宝马颜色命名的唯一方式，还有用葡萄酒命名的像巴贝拉红、勃艮第红，用地名命名的像巴塔哥尼亚绿、马拉喀什棕，还有用大自然命名的像曙光金，等等。总之，只听到颜色名称就让你欲罢不能，才是这个武功的最高境界。

11.2　颜色真与安全有关

汽车颜色与安全关系密切。

很早人们就知道，黑色及深色是收缩色，从远处看会感觉一辆车更窄；白色及浅色是扩张色，从远处看会感觉一辆车更宽，更容易留出安全余量，因此，浅色的车更安全。

据统计，白色、黄色是最安全的汽车颜色，因为它们的识别性最好，所以校车或者各种道路施工车辆都更多采用黄色；最不安全的颜色是黑色，其次是灰色、银色、红色等。意外吧，红色竟然不是多么安全的颜色。当然，这些统计结果，听听就好，我相信这些不会真的影响你的喜好。

买深色还是浅色 **Q11**

▲ 小型车采用扩张色，可以让车辆看起来更大，因此比较小的车不常采用黑色或深色的外观

▲ 红色虽然也是比较艳丽的颜色，但它的可辨识度并不是非常好，因此也不是多么安全的颜色

11.3 各品牌有自己的保留色

豪华车型和跑车，不止颜色命名比较奇特，颜色本身也常常比较独特。但你是否知道，各个品牌也有自己的保留色呢？

比如，人们心目中的法拉利都是红色，而诞生开始就为挑战法拉利的兰博基尼更喜欢使用黄色，"孵化"了法拉利的阿尔法·罗密欧则更喜欢使用稍微深一些的红色。

奔驰和奥迪在20世纪30年代前在欧洲大奖赛（就是F1的前身）上相互争斗，并且都采用了银色铝车身，取得了"银箭（Silver Arrow）"的美名。奔驰为了满足赛车重量要求在正式比赛前一晚刮掉车身涂漆的故事还一直被传为佳话，现在，奔驰把这种银色作为了自己的保留色。奥迪的大奖赛征程随着战争的到来被打断，后来没有重现

▲ 通过奔驰早年参加大奖赛的一段经历，奔驰为最普通的银色赋予了赛车的原始精神，也成为了奔驰的保留色

▲ 奔驰和奥迪的相互竞争，让德国双雄几乎垄断了当时欧洲大奖赛的冠军，它们同时被称为"银箭"，只是奥迪在大奖赛上的辉煌很快就被战争打断了，战后奥迪经过了太长时间的挣扎，重新跻身豪华品牌其实也没多长时间

辉煌,故而也不再重提这段故事了。

▲ 法拉利应该已经成为红色的代言了,F1赛场上的红色早就成为了一道风景

▲ 兰博基尼的总部离法拉利不远,但生来就是为了挑战法拉利,似乎兰博基尼喜欢所有红色以外的颜色

还有不少品牌也喜欢玩车身上的色彩艺术。比如宝马时常会推出自己的艺术车型,邀请著名的艺术家来创作,这更是要为品牌塑造某种性格。

◀ 这款 2010 年的宝马艺术车涂装,给人一种运动的冲击感,就像风在车身上留下了痕迹

11.4　各国汽车的传统色因何而来?

不只汽车品牌有自己的专属色,更普遍的颜色还是整个国家采用的颜色。比如我们都知道的英国绿,英国所有的大品牌都喜欢使用这种绿色,比如宾利、阿斯顿·马丁、路虎、捷豹。可你知道这些传统是怎么来的吗?

固然有国家文化的倾向,但把这个倾向在汽车上确定下来的,依然离不开当年的欧洲大奖赛。那时候,赛事方为了区分不同国家的赛车,为每个国家分配了不同的颜色,自然英国是绿色,意大利是红色,德国是白色,法国是蓝色。至

▲ 绿色涂装经常出现在路虎车型上,包括各种深色和浅色

买深色还是浅色　**Q11**

于这样的分配,是每个国家根据自己的喜好而抢过来的呢,还是抽签决定的,就不得而知了。

▲ 捷豹复制的经典 XKSS 自然不能忘记最经典的绿色

▲ 捷豹如今在电动方程式(Formula E)上的赛车也呈现出绿色的基调

▲ 出现在 007 电影中的阿斯顿·马丁更是经常使用绿色来体现自身的尊贵与优雅

▲ 宾利在豪华车型上常用深棕色和绿色,对了,007 原版小说里最早的"御用"汽车品牌其实是宾利

11.5　别只看外观,车内的颜色才是天天见

前面说了不少车身颜色的内容,买车更要注意的是对车内颜色的选择,因为你更多时间是要面对车内的环境,受到车内氛围的影响。

以往,汽车内饰不外乎黑色、浅色、深浅双色搭配几种方案,但如今越来越多的品牌开始采用其他

▲ 在内饰氛围打造上,雷克萨斯可谓出类拔萃。你一眼看不出有什么出奇,但从一辆雷克萨斯的驾驶席换到另一个品牌车内后才发现,雷克萨斯的感受是真舒适真优雅。上一代 ES 提供了棕色和白色两种内饰配色,最新款 ES 提供了一种把棕色和白色搭配在一起的配色

颜色的内饰，从稍微收敛的棕色到异常刺激的红色，都不鲜见。

▲ 玛莎拉蒂 Ghibli 的棕黑搭配内饰依然以沉稳为主旋律

▲ 再看一款顶级车型的内饰配色，这款劳斯莱斯车内的紫色与紫色的外观颜色相呼应，不过对这种超豪华车，真正的价值来自定制，包括各处细节的用料与颜色

11.6 你知道还有用颜色来区别身份的吗？

汽车所谓的高配低配，从外观上区别不外乎就是一些轮圈大小、是否有空气动力套件等。但有个品牌在细节上很下功夫，那就是保时捷，它会用制动卡钳的颜色来标识车型身份。911 的入门款车型使用黑色卡钳（其他车系比如 718、卡宴等入门车型只能使用银色卡钳），性能有所提升的比如 S 版等车型有资格使用红色卡钳，黄色卡钳只能配备给高性能车型比如 Turbo、GT3、GT2 系列（主要还是看性能），而新能源车型一律使用绿色卡钳。

▲ 基本款保时捷 911 Carrera 的制动卡钳是普通的黑色

▲ 除了 911 外的其他车型，基本款车型的制动卡钳只能使用银色，比如这款 718 Cayman

▲ 保时捷的 S 版性能车型会采用尺寸更大的红色制动卡钳，比如这款银色的 911 Carrera S

买深色还是浅色 **Q11**

▲ 黄色卡钳就是顶级车型的专属，比如这款 GT3 RS 车型

▲ 只看到这绿色制动卡钳，就知道这是一款混动版的保时捷

11.7　总结：主要看气质

不少人选择汽车颜色时，还会考虑哪个颜色更"耐脏"，这倒是没有什么必要，毕竟喜欢最重要，大不了多洗车嘛。但的确，车内颜色的选择有时候比外观颜色更重要。

另外，如果你想给自己的车快速换个颜色，可以去尝试车身贴膜，可以在不破坏原车漆的前提下快速变脸，等新鲜劲头过了把贴膜撕掉还可以回归本色。只不过，这个行业的利润也不低。

第2部分
破解神秘配置表

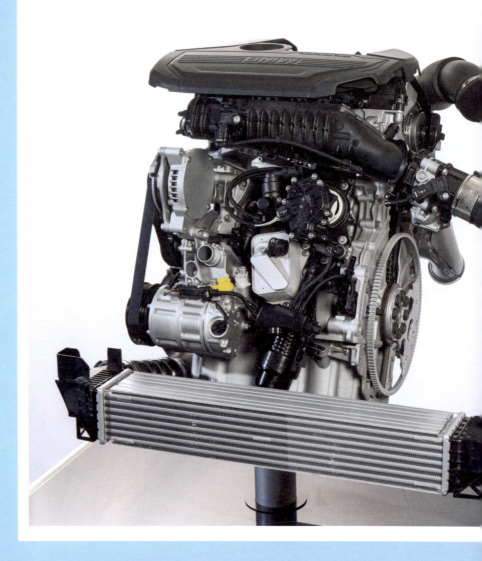

问题12：
买大排量还是小排量

小左："这年头，油肯定越来越贵，排量肯定是越小越好啊，省油是第一位的。"

小右："排量太小车就肉了。"

小左："我以为能出那个排量的车，就说明排量够用。"

小右："也不一定，真有相当肉的车。"

节能减排是近些年全球汽车市场的主题词，但具体的做法也不是一成不变，最重要的变化就是从小排量化（Downsizing）调整到了适当排量化（Rightsizing）。

不论小左、小右还是任何其他人，在这个问题的选择上应该向汽车厂家学：适当排量化。

12.1 什么是大？什么是小？

多大算是大排量？多小是小排量？时代在变，此一时彼一时，可谓"时势异也"。

汽车发动机的排量，用句学术化的语言，就是活塞的上止点到下止点所通过空间的容积，也可以称为"工作容积"。

排量的大小首先要针对车型。同样是 2.0 升的排量，如果放在 Mini 或者 Smart 上就算是大排量了，如果配置在宝马 X5 这样的中大型 SUV 上或者奥迪 A6 升这样的中大型轿车上，就是典型的小排量。

排量的大小也和时代有关。以往，一辆紧凑型家用轿车用 2.0 升的排量还被称为"黄金排量"，意思就是不大不小最合适的意思，而更高级别的中大型轿车主流排量至少是 2.4 升或 2.5 升。如今，紧凑型家用车大部分使用 1.6 升或 1.4T 发动机，排量到 1.8 升的都不多见了。

▲ 曾经，2.0 升是紧凑型家用车的黄金排量发动机，比如曾经的速腾和更早的宝来，如今 2.0T 已经是这个级别的性能车才用的动力了

12.2 气缸数减少更关键

要提高发动机本身的经济性，比排量减小更关键的，是缸数的减少。

很容易理解，气缸数量减少，本身的重量就降低，运动部件减少，摩擦和惯性都减少，这些因素都大大有利于经济性，而且发动机成本也更低。同样是 1.5T 的三缸发动机和四缸发动机，三缸无疑更省油，不少品牌开始探索三缸之

▲ 连宝马都在一些车系上主推三缸汽油发动机，三缸技术再先进，一定成本控制的前提下噪声和振动也很难做到四缸水准

买大排量还是小排量　Q12

路，比如宝马、通用、标致、吉利。

宝马作为豪华品牌，都敢于在 X1 和 1 系三厢版等车型上主推三缸 1.5T 发动机。三缸机由于本身的点火不对称特性，先天就有振动和噪声大的缺点，我强烈认为有点"节约"过度了，但汽车厂家的态度还是很明确的。

都说利用先进的技术可以消除三缸车的振动，只能这么分析，作为一款大批量产品，如果在解决平顺性上花费太高的成本肯定是不划算的，同样的研发成本和技术实力，四缸车肯定比三缸车来得平顺。

▲ 宝马 X1 等车系都有三缸 1.5T 版本，在噪声振动上的表现尚可，如果你想买这款车我建议还是选择四缸 2.0T 版本

以往，人们张口闭口就说什么六缸车、八缸车的好处，如今八缸车已经不多见，能用得上六缸 3.0T 发动机的都得是奥迪 A8 这种大型车了，连奥迪 A6L 这种中大型车也主推四缸的 2.0T 发动机，至于更强的八缸发动机基本上就是"奢侈品"了。而且，现在用四缸发动机搭配混动系统之后，可以用在任何级别的车型上，实际上奔驰 S 级就已经用上这样的四缸混动系统了。在不久的未来，四缸发动机会是家用车的上限。

12.3　大排量向何处去？

谁能把节能减排做得好，谁就能占领如今汽车市场的先机。最开始，日系还通过最擅长的"勤俭节约"以及 CVT 变速器来竞争，但面对欧系车小排量增压发动机的巨大优势，也不得不开始全面采用小排量增压的路线。可是，在这个大趋势下，擅长大尺寸、大排量的美系车企越来越不适应，他们在这种极度不适中依旧展示着大排量发动

▲ 雪佛兰 Silverado 皮卡有 6.2L V8 发动机的配置

85

机的强悍。

2018年底公布的2019年度沃德十佳发动机获奖名单中，大排量的发动机出尽风头，让人大跌眼镜，不由得让人质疑这是不是沃德这个一向和美国车企走得比较近的媒体要为大排量发动机站台。

这份获奖名单中，除了四款新能源动力系统外，剩下的所有六款发动机最小都是日产的可变压缩比2.0T发动机，其他从小到大分别是福特的3.0T V6发动机和宝马的3.0T V6发动机、克莱斯勒的3.6L V6自吸发动机、福特的5.0L V8自吸发动机、雪佛兰的6.2L V8发动机。单看这个名单，大排量自吸大有卷土重来之势，当然这只是玩笑。

说到美系大排量，人们首先会想起那些不考虑节制的美系性能版肌肉车。刚刚发布的福特野马GT500采用了5.2L V8发动机，最大功率不低于700马力；道奇针对赛道的性能版车型蝰蛇ACR采用8.4L V10自吸发动机，最大输出功率"只有"645马力。当然还有太多大排量皮卡、全尺寸SUV，好像全球的小排量趋势对他们没什么影响。

可是因为进口税率和排量有直接的关系，这些大排量自吸车型进口到国内会贵得离谱。话说回来，真进口到国内，就算车价合适又有多少人会去消费这种油老虎呢？

▲ 刚刚发布不久的福特野马GT500采用了5.2L V8发动机，仍然采用机械增压，输出超过700马力，这比上一代的5.8L V8发动机排量有所节俭，功率比之前的662马力有所增加

▲ 道奇蝰蛇ACR还坚持自吸大排量路线，8.4L V10发动机搭配手动变速器，美式肌肉车的难以驾驭可见一斑

12.4 小排量的动力能有多强？

小排量增压发动机，到底能输出多强的动力？

买大排量还是小排量 Q12

　　涡轮增压和自吸的关系，我们会在下一章再详细分析，这里我们只给出大概的认知概念。一款民用的涡轮增压发动机，输出功率大概比同等排量自吸发动机功率提升 1/3~1/2。比如 1.4T 的发动机，输出功率和自吸的 2.0~2.2 升发动机相当。如果调校更加激进，如今的 2.0T 发动机调校到 300 马力也很常见，这不低于传统 4.0 升自吸发动机的实力。

　　单纯看这些数据，你很难有切实的概念，还是用具体的车型来举例。

　　我们用 0—100 千米 / 时的加速时间来简单粗暴地理解车辆的动力水平，时间控制在 11 秒以内对绝大多数人来说就够用了。

　　1.4T 的发动机，搭配到奥迪 A4L 上，0—100 千米 / 时的加速时间依然能够做到 9.4 秒，工信部百公里油耗只有 5.8 升。

　　1.6T 的发动机搭配到奔驰 C180L 上，官方的 0—100 千米 / 时加速时间是 9.1 秒，工信部百公里油耗只有 6.2 升。更让人大跌眼镜的是 C260 已经采用 1.5T 发动机为基础的混动系统了，0—100 千米 / 时只有 8.3 秒，工信部百公里油耗只有 6 升。

　　2.0T 发动机现在在很多品牌手里变成了万金油，比如捷豹和沃尔沃，未来几乎都只保留一款发动机主体，只是通过不同的增压形式和调校提供不同的动力，用在全系列车型上。如今的沃尔沃，最大块头的 XC90 也采用 2.0T 发动机，但分为 T5、T6、T8 不同的调校。单涡轮增压的 T5 输出功率是 254 马力，0—100 千米 / 时加速为 7.9 秒；涡轮增压和机械增压双增压系统的

▲ 最新款的奔驰 C 级，除了传统汽油机外，为 C260 配备了以 1.5T 发动机为基础的混动系统，不知道会不会被市场认可

▲ 沃尔沃 XC90 的 T8 车型采用以 2.0T 发动机为基础的插电式混合动力系统，0—100 千米 / 时加速时间只有 5.6 秒，这样的小排量发动机已经让如此大块头的 SUV 有了性能车的倾向

T6 输出功率达到 320 马力，0—100 千米/时加速是 6.5 秒；双增压再加混动系统的 T8 则有 408 马力，0—100 千米/时加速是 5.6 秒。

这里还只是列出了一些偏民用的车型，在性能车型上可以使用更激进的调校，比如奔驰 AMG 早就把 2.0T 发动机调校到了 350 马力以上，如今的 A45 AMG 最大功率已经超过了 381 马力。

▲ 2.0T 发动机驱动的 A45 AMG 堪称暴力小怪兽

知识点补充：一般超过 250 马力就不太适合前驱车型了，因为过大的动力容易引起前轮打滑，直接影响转向和操控，容易在弯路中发生危险，所以更强悍的动力就要配置后驱或四驱系统。

◀ 奔驰 A45 AMG 的动力和悬架系统，尺寸小重量轻的四缸 2.0T 发动机输出功率却超过 350 马力，基本上相当于 4.0 升自吸发动机的水平，即便配备上四驱系统，依然让这款小车有了强大的暴力倾向

这里花费了大量篇幅，只为让你了解小排量发动机能输出多强的动力，可压榨太过也会引起问题，我们后面会有讨论。

12.5　大排量躲不开的进口税费

在买车和用车成本中，除了油耗，与大小排量直接相关的就是税费。国产车型影响还不算大，进口车型的关税与裸车价相关，进口消费税则与排量相关，超过 4.0 升的大排量车型达到 40%，合计的总税费很可能超过裸车价的 100%。

具体税费我们不再计算，但这对引导小排量的消费习惯还是有着巨大作用的。比如，当新一代福特 Mustang（以前用的名字"野马"被判对四川野马汽车公司侵权,因此福特旗下再无"野马")采用了四缸2.3T 的小排量发动机之后,打折后的裸车价格降到了不到 40 万元,以往最低排量也是 3.7 升,大排量造成的高税费让它的价位至少要到 50 万元以上。

◀ 新一代的福特 Mustang 也有 5.0L V8 自吸的版本,但在国内走量的肯定是 2.3 升的车型,虽然后者只配备四缸发动机,尽管有人嘲笑这款入门级 Musang 是"野驴",但实际加速也对得起它的外形,关键是价位更诱人

12.6 排量绝不是越小越好

小排量是趋势,但也绝不是排量越小越好。

本章最初我们就指出,欧系车厂已经把排量观念从小排量(Downsizing)转变为合适的排量(Rightsizing)了,这背后的区别还是很大的。

观念转变的核心问题不外乎两个:排量不是越小越省油,对小排量涡轮增压发动机的动力压榨太过会引起很多可靠性方面的问题。

排量不是越小越省油,这不难理解,如果"小马拉大车",在加速的时候发动机就需要更加发力,反而可能不如稍大排量的发动机省油。

▲ 海外的新款高尔夫已经配备了代号 EA211 EVO 的 1.5T 发动机,取代老的 1.4T 发动机

比如,大众在欧洲市场已经在新款的高尔夫车型上,用最新的 1.5TSI 发动机取代 1.4TSI 发动机,因为他们认为 1.5 升的排量在动力与油耗间能更好地平衡(可能也有模块化考虑的原因)。

◀ 虽然只是从1.4升到1.5升的小小改动，但新的发动机本体可以用1.5 L自吸发动机取代以前的1.4L和1.6L发动机，这也类似于模块化的理念，另外这款发动机的代号为EA211 EVO是因为采用了很多新的技术，比如提升经济性的主动气缸管理技术(ACT)、减少涡轮迟滞的可变截面涡轮技术等六大新技术

又要小排量，又要大动力，"又要马儿跑，又要马儿少吃草"，一定程度内压榨小排量增压发动机的动力是没问题的，但压榨过度就可能出问题。实际上也早有问题暴露出来，最典型的就是近期不少品牌的发动机都同时爆发出机油乳化的问题。究其原因，离不开喷油器布置的问题，离不开混合气过浓燃烧不充分，离不开气缸内缸压太大造成密封不完全，但这些问题的根本，就是过分压榨小排量发动机的动力。

▲ 如今几乎已经成为标配的自动起停，也是以降低油耗为目的

12.7 总结：跟着主流走

作为个体消费者，无从判断一个陌生行业的未来趋势。比如汽车行业，电动车是不是未来趋势？燃料电池是不是未来趋势？只需要关注主流厂家的动作。

关于排量也是如此，如果超过一半的厂家都在推三缸发动机，那么它很有可能是未来趋势。如果多数厂家都在缩小排量，它可能也是未来趋势。

▲ 曾经的神车CR-V换代车型刚上市，就曝出了1.5T发动机机油乳化的问题，这可是号称"买发动机送车"的本田啊，可以想象这一代CR-V的前景受到多严重的影响

买大排量还是小排量　Q12

具体到排量这个问题上,家用车你想买大排量都难了。至于是小排量的1.4T、1.5T还是更小排量的1.2T、1.3T,你还要关注车辆的性能数据是不是在你的期望值之内。只看排量买车的时代早就是过去时了,现在一款发动机两个或三个不同的动力调校是普遍情况,除了排量你还得关注实际动力和性能。

但,你难道不好奇,小排量和大动力,看似矛盾的二者是如何统一的呢?这就是下一章的话题。

问题13：买自然吸气还是增压

小左："我还真不知道自然吸气和涡轮增压有什么不一样，我就知道现在很多车都是增压，而且增压的车更有劲儿。"

小右："差不多就是这意思，涡轮增压的车有劲儿还省油。"

小左："那怎么不都是涡轮增压的车，自然吸气的车还怎么活？"

小右："自然吸气也有优点，涡轮增压也有缺点。涡轮增压我就知道保养贵，而且还贵不少。"

不少"老司机"时不时都要吹嘘自己对自吸车的热爱，鄙视增压车开起来没有意思；可每当别人问他们开什么车的时候，他们又故作无奈的说，也是一辆涡轮增压的车，因为没有自吸的车可买了。

到底为什么要增压？增压比自吸好在哪里？我们还有没有选择的余地？这就是本章的话题。

13.1 所有的情结都可以舍弃

想当年，大众和奥迪的1.8T发动机是第一批使用涡轮增压的国产车型，那时候也有这样一种舆论：买这种车的人可傻了，涡轮太容易坏，行驶后突然熄火也容易损坏涡轮。总之，涡轮增压车型在中国市场露面之初甚至让人非常抵触。

但涡轮增压的趋势难以阻挡，尤其近些年来渐成主流。当年的故事只是茶余饭后的消遣，不少人依然保持着"自吸情结"，更多是彰显自己更懂

▲ 想当年大众宝来（BORA，就是大众捷达的第四代车型）进入中国市场时，以"驾驶者之车"的定位迅速得到了人们的认可，主打的1.8T发动机就是涡轮增压形式

买自然吸气还是增压 Q13

得车,保持着经典的荣耀,可有多少人能够切实感受到自吸和增压车型的驾驶区别呢?

说句更粗糙的,现在就算最追求驾驶乐趣的汽车,从小跑到跑车再到顶级超跑,从保时捷到法拉利,主力车型都采用涡轮增压了,你还有什么理由排斥涡轮增压呢?稍有特殊的兰博基尼仍主用自吸发动机,可能更多还是要体现自己和奥迪 R8 的差异。

▲ 尾标上的 1.8T 当年就是性能的标志,虽然宝来的弯路性能不算太出色

▲ 追求最纯粹驾驶乐趣的法拉利,主力车型 488 都已经采用涡轮增压发动机了,你还讲什么情结?

▲ 法拉利的这款 3.9T 双涡轮增压发动机表现也绝非凡类

13.2 涡轮增压和机械增压有何不同?

何为自吸?何为增压?

发动机吸入新鲜空气,与喷入气缸内的汽油混合后燃烧,推动发动机运转,这就是发动机的工作原理。外界空气进入发动机的方式大有不同,自然吸入的方式就称为自然吸气发动机,如果外界空气被某种方式压缩之后才进入气缸,就称为增压发动机。

增压的方式又有两类。如果是由发动机曲轴带动(或电力驱动)的涡轮对进气进行增压,就称为机械增压(supercharge)方式;如果是通过发动机废气带动涡轮对进气进行增压,就称为涡轮增压(turbocharge)方式。

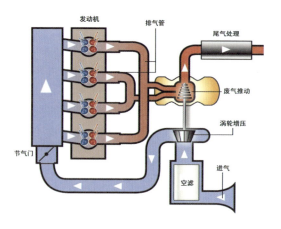

◀ 涡轮增压发动机的工作原理，靠废气带动涡轮对进气空气加压，增加进入到汽缸内的空气总量

▲ 小小一个涡轮，带来的有激情，也有烦恼

▲ 小小的涡轮作用大，但工作环境也极其恶劣，涡轮动辄转速超过 10 万转/分，温度也动辄达到 700 摄氏度以上，前些年人们不喜欢涡轮发动机也并非没有来由

▲ 如今对涡轮本身进行润滑的技术更加成熟，基本能保证与发动机具有同步的寿命指标

▲ 这款 V6 发动机把涡轮布置在中间，布置更容易但散热要充分，图中也显示了外界空气经过涡轮增压再经过冷却器后进入发动机的过程

买自然吸气还是增压　Q13

机械增压响应性更好，但高转速区域的增压效果不明显，并且本身对发动机的动力有消耗。如今采用机械增压的发动机不多见了，主要是捷豹旗下和福特旗下仍然还有相关产品。涡轮增压发动机在低转速区域的增压效果不明显，通俗说就是有"涡轮迟滞"的现象，踩下加速踏板后稍等1~2秒发动机的转速才会有明显的提升，但这一两秒对真正追求加速线性感的挑剔驾驶者来说却是难以忍受的。

是不是有发动机同时采用机械增压和涡轮增压，让机械增压主要负责低转速的增压，让涡轮增压主要负责高转速的增压，让它们相互补充呢？没错，的确有这样的发动机，比如沃尔沃的T6发动机，但发动机的结构会很复杂，成本很高，应用的厂商并不多。

▲ 沃尔沃的T6发动机上面用传动带带动机械增压器，下面是涡轮增压器，双增压系统保证了它300多马力的功率输出，并且发动机在高低转速区域都有不错的加速响应

为什么要增压呢？简单说，原本2.0L发动机，可以近似认为吸入气缸的空气就是2.0升；采用增压形式后，假设进气压力增大了50%，可以认为实际进入气缸内的空气近似3.0升，再喷入相应比例的汽油，就相当于摇身一变成了一款3.0L发动机。

▲ 类似斯巴鲁WRX STI这样的发动机舱盖"大鼻孔"在性能车型上并不少见，就是为了引入外部空气为里面的中冷器散热

▲ "大鼻孔"正对里面的中冷器，增压后的高温高压空气要降低温度之后才能进入发动机内，否则容易引起爆燃等问题

13.3 增压时代尾部标识的游戏

汽车参数表里，自吸发动机的排量通常用升（L）来标识，汽车尾部通常也直接用发动机的排量作为标识，让你一眼就知道发动机的排量大小。

发动机通过增压吸入更多的空气和汽油，实现了比本身排量更大的效果，越来越多的汽车厂商不希望消费者"看低"自己发动机的能力，纷纷开始了车尾排量标识的数字游戏，而且厂家也是各显神通。

的确这个理由也站得住脚。比如排量是 2.0 升，通过增压（包括涡轮增压和机械增压）后实际的输出动力，可能有 3 个调校，只用 2.0T 标识就不够了。因此，如今汽车尾部的排量标识，确切表述已经不再是排量标识，而是动力标识。另外，混合动力系统的动力输出也类似，只标注发动机排量对你了解实际的动力水平没什么帮助。厂家必须引入新的方法，去标识动力水平。

这里我们稍微列举几个常见的标注方法，对你肯定是有帮助的。

▲ 凯迪拉克大量车型尾部都采用 28T 标识，因为配备的 2.0T 发动机输出功率大约是 280 马力

比较简单的，是用发动机的最大输出功率来体现发动机的实力。比如福特蒙迪欧的 2.0T 车型，高功率调校版的车尾标识为 245，它的最大输出功率是 245 马力，低功率调校版标识为 200，它的最大功率是 204 马力。蒙迪欧也有 1.5T 发动机的版本，最大功率 181 马力，标识为 180。凯迪拉克的 2.0T 车型我们经常能看到车尾的标识为 28T，因为发动机的最大输出功率大约为 280 马力。

▲ 从 280TSI 就能知道这辆速腾是 1.4TSI 的高调校版本

也有不少厂商用最大转矩来标识发动机的能力。本田的 1.5T 发动

买自然吸气还是增压 Q13

机在 SUV 车型，比如 CR-V 和冠道上标识为 240，因为这款发动机的最大转矩是 243 牛·米。大众也根据旗下不同发动机的不同最大转矩，以 50 为间隔分为了 230、280、330、380 等系列，分别表示诸如 1.4TSI 低调校版、1.4TSI 高调校版、2.0TSI 低调校版、2.0TSI 高调校版，这几台发动机的最大转矩分别是 225 牛·米、250 牛·米、320 牛·米、350 牛·米牛米。

还有用近似的自吸排量的，比如奔驰各个系列的标识 200、300、600 等还是基于传统自吸发动机的能力来设定的，宝马也是如此，只不过这种命名方式的随意性有点大。最有创意的是奥迪，它尾部的 30、45、50 等数字表示的是平均加速度值，这个值越大，说明实际加速的能力越强。听起来不太好理解？那我教给你一个粗略的理解方式，用 300 除以这个数字，得出的值就是这款车大概的 0—100 千米/时的加速时间（只是个大概值）。比如四驱版的奥迪 A6L 尾标是 45TFSI，300 除以 45 得到的值是 6.7，这款车实际的 0—100 千米/时的加速时间是 7.5 秒，虽然有点偏差但毕竟这个粗略的计算能让你有个直观的概念。

虽然奥迪的命名有点另类，但如果你理解了它的含义之后还是比较直观的。汽车的加速能力，简单说取决于动力和重量两个因素（大体如此，不考虑什么四驱、匹配、调校等因素），单纯标注发动机的性能未免片面，而直接标注车辆加速的性能的确更加直观。况且，同一款发动机配备在不同的车上，车辆的性能也不会完全一样，比如 1.4T 发动机配备在 A3 和 Q3 上，不同的标注 35TFSI 和 30TFSI 就表示具有不同的加速水平。

还有不少过于"擅长包装"的

▲ 这辆探歌的尾部标识是 280TSI

▲ 这款配备了 2.0T 发动机的奥迪 A6L 的最大功率是 224 马力，四驱版和两驱版的加速时间相差半秒左右，但在奥迪的命名体系里都属于同样的 45TFSI 尾标档次

厂家，排量标识方法有点复杂，比如标致雪铁龙的350THP，雪佛兰的550T，你感兴趣自己去查询一下复杂的来源吧，在此就不列举了。再补充一点，同一款车型的尾标，在不同国家的市场可能有所区别。比如大众海外的车型基本就是简单的"2.0TSI"；比如奔驰在海外的250版本在国内都改为260，以避免这个不讨喜的数字。

13.4 小排量增压车型省油的本质原因

　　汽车厂商不遗余力推进小排量增压发动机的根本原因很简单，就是要节油。但在排量2.0升的缸体内装入3.0升空气的同时，也喷入了更多的相应比例的汽油，这怎么能省油呢？这的确是让很多人困惑不解的问题。

　　从实际效果看，小排量涡轮增压发动机的确有很明显的节油效果。比如最常见的大众1.4T发动机搭配到速腾这样的紧凑型车上，工信部综合百公里油耗数据只是5.9升，这里有双离合变速器的功劳，但发动机本身节油效果也功不可没。这里，我们就借助网络自媒体"爱车的诺诺"提供的手绘图来回答这个问题，因为这是我见过的最通俗而专业的解释了，确实可称为深入浅出。

　　要搞清楚一款车的动力和油耗表现，需要绘制发动机"万有特征图"。这是一款自吸2.0L发动机的手绘万有特征图，其中的横坐标是发动机转速，纵坐标是输出转矩，图中黑色曲线是这款发动机的最大转矩图，红色曲线是油耗等高线图。等高线图中，最小的封闭圆圈就是油耗最低的区域，越向外围走油耗越大。图中用蓝色标记出了日常驾驶中的常用区域，能看出是转速在2000~3000转/分，属于中低开度节气门的范围内。

　　假设我们为这款2.0L自吸发动机，加入涡轮增压系统，就会得到新的万有特征图。注意观察其中的主要变化，首先是转矩曲线的上边界向上提升了，为了保证正常工作，对发动机的压缩比等细节要稍作调整，红色的油耗等高线的形状虽然没有大的变化但数值是有了小幅提升的。这就解释了我们前面分析的，2.0L发动机变身为2.0T发动机，油耗有所增加是必然的。

买自然吸气还是增压 Q13

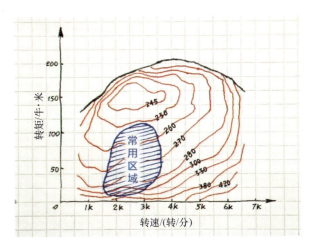

▲ 某款 2.0L 自吸发动机万有特征图以及常用工况区间的分布

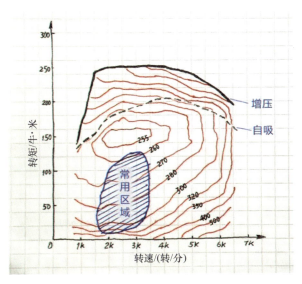

▲ 为这款 2.0L 发动机加入涡轮增压系统后的新万有特征图

可关键的问题来了，现在的趋势并非是用同等排量的增压发动机取代自吸发动机，而是用小排量的增压发动机来取代。比如我们把上面的 2.0T 发动机的排量缩小到 1.5T（假设缸体数不变，只是改变缸体的直径），那么可以认为新的发动机万有特征图是向下等比例压缩了 25% 得

99

来的。排量变小,油耗等高线图的数值有所变小,但最关键的收获是,日常驾驶常用的区域覆盖了更多发动机低油耗区域。这才是小排量涡轮增压发动机能够有明显节油效果的核心点。

简单总结:缸体不变直接添加涡轮增压结构,动力提升,油耗也提升;再把原来的缸体变小,比如 2.0T 缩小到 1.5T,发动机最佳油耗区域落入常用工况区域,达到节油的效果。增压的引入,让你可以采用更小的排量,发动机更多运转在经济油耗的区域,从而实现节油。

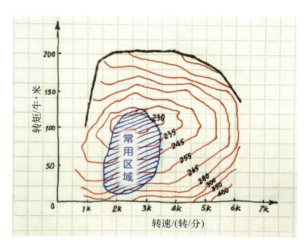

▲ 把这款 2.0T 发动机缩小到 1.5T,相应的万有特性图也是向下等比例压缩 25%

这部分内容,借鉴了自媒体"爱车的诺诺"的解释,希望能够为读者提供一些参考。如今网络上充斥了太多相互矛盾的东西,也充斥了很多"伪专业"的东西,甚至很多东西根本就是胡说八道,你一定要对内容进行理性思考和判断,筛选出来真正有营养的内容。现在是自媒体时代,人人都可以上网发表观点,网络上充满了垃圾已经很可怕,更可怕的是对这些内容不假思考的人云亦云。

13.5 增压车型没有自吸车型好开?

现在我们再回到一个人云亦云的话题,就是增压车型是不是真的没

买自然吸气还是增压 Q13

有自吸车型好开？的确没有那么好开，但如果不好开到引起了你的反感，那绝不是某个技术路线的错误，而是厂家调校的问题，或者是你没有选对适合你的车。

我们还是以涡轮增压车型为例，它除了有"涡轮迟滞"的问题以外，还有另外一个和自吸车型不太一样的地方，高转速区域稍显"乏力"。我们还是看图分析。

上一代奥迪 RS5 采用的是一款 V8 的 4.2L 自吸发动机，这款发动机也用在 R8 车型上。在小排量增压的大环境下，奥迪为新一代的 RS5（包括 RS4）开发了一款全新的 V6 2.9T 双涡轮增压发动机。

▲ 上一代 RS5 使用的是 V8 4.2L 自吸发动机，这款发动机甚至用到了 R8 车型上

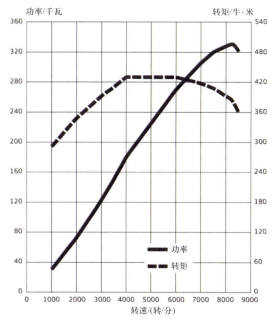

▲ 这款 4.2L 发动机的功率转矩图，虚线表示最大转矩，实线表示最大功率

◀ 奥迪新推出的 V6 2.9T 发动机其实是奥迪和保时捷联合开发的产品，主要提供给 RS4 和 RS5 使用，车展现场看到这款结构异常复杂却也极其紧凑的发动机，充分体现了现代发动机工程师的高水准

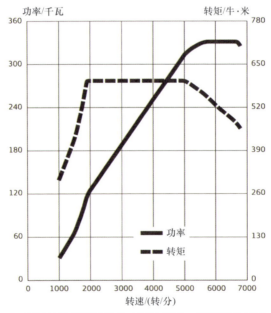

▲ 双涡轮增压发动机的功率转矩图，能看到在 1900 转 / 分转速就达到了最大转矩平台

比较这两款发动机的转矩图，涡轮增压发动机在转速到达 1900 转 / 分之前，转矩爬升曲线坡度很大，这就是你会感受到"涡轮迟滞"的区

买自然吸气还是增压　Q13

间。实际上，这段区间的实际转矩并不小，只是和你更容易达到的最大转矩相比，感觉上落差更明显。换句话说，涡轮迟滞的效果更主要来自于最大转矩到来时"踢"了你一脚的感受，而不是"踢"你那一下之前真的没使劲。

任何发动机都有一个转矩爬坡的过程，自吸发动机所谓动力输出的线性感就来源于这个"坡"。涡轮发动机的驾驶方式不同，你要让转速保持在转矩平台上，利用它最大转矩的优势。当然，家用车的日常驾驶不必追求激情，但你也可以去试驾感受一下低转速的转矩输出感受，看看能不能满足你的要求。

▲采用 2.0T 发动机的奔驰 C 级在海外具有 C250 车型，国内称为 C260

如果你横向比较过同款发动机的不同功率调校版本，在正常驾驶的状态下其实高调校版本不但更费油，涡轮迟滞也更明显。简单说，高功率调校的车型，低转速的加速响应可能反而不好。如果你对动力没有那么热情，买车不一定非要去追求高调校版本，低调校版本的车型往往更省油、更好开。

▲同样的一款 2.0T 发动机，有 C200 和 C260 可选，后来 C260 直接升级为 C300 车型，但我建议如果你觉得低功率版本车型就够用了，就不一定去追求更贵的高功率版车型，因为从加速响应和油耗看，高功率版车型自然要付出更多

这里稍微补充一点题外话，就是赛车或者运动型车的驾驶。别说涡轮增压发动机了，任何发动机都有最佳发力点，赛道上不是你敢踩加速踏板车就会快，简单说你要把发动机转速始终维持在最佳的发力区间，入弯要配合降档，出弯加速才能加得起来。即使你没真正开过，也应该听说过以前几乎被神化的搭配，所谓红头机的本田 S2000 吧，即使是自吸发动机也要超过 6000 转/分后才能真正发力，你想发挥它的性能就不能把转速降到 6000 转/分以下。

▲ 本田 S2000 曾经是本田运动车型的骄傲之一

▲ 任何发动机都有最佳发力转速区，这款自然吸气的发动机的发力区在 6000 转 / 分之上

我们一直强调车辆的平衡性，动力输出更是如此。厂家对一款家用车的调校，要综合考虑油耗、动力、响应等因素。比如厂家完全可以用"降档"来消除涡轮迟滞，但过于积极的降档可能会更让你不适；或者用多喷油来缓解低转速的迟滞，但又会带来油耗的提升。再举个例子，奥迪 A3 和 Q3 都有 1.4T 车型，但两款车低速提速的感受也明显不同，为了体现 Q3 这种 SUV 的感受，低速加速响应明显更积极，A3 的低速迟滞就相对迟滞一些。不用问，不考虑其他因素，只这种调校本身的区别就让 A3 更省油一些。

▲ 即便同一款发动机，甚至同样的动力总成系统，厂家也会在不同诉求的车型上打造出不太相同的加速响应和动力感受，这也是整车厂商动力调校的体现之一

目前，业内对涡轮迟滞还有各种解决方法，比如机械增压与涡轮增压的配合，比如大小涡轮的串联配合，还有就是采用可变截面涡轮（Variable Geometry Turbocharger）。简单理解，大涡轮的增压效果明显但迟滞也明显，小涡轮的增压效果弱但惯性小迟滞也小，可变截面涡

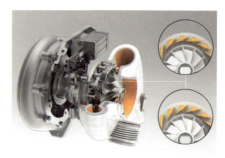

▲ 可变截面涡轮技术通过调整叶片的角度，低速时减小叶片角度提升尾气压力以加快涡轮的提速响应，减小低速迟滞现象

买自然吸气还是增压　Q13

轮就是通过可调整角度的导向叶片，在发动机不同转速段综合大小涡轮的优点。

涡轮增压车型另一个让人"不爽"的感受，是来自中高转速区间。问题就来自这个平坦的转矩平台，意味着当车辆转速提升时，最大转矩不会提升而是保持不变。简单解释这个区别：自吸发动机在你深踩加速踏板加速超车时，发动机转速越提高，不但速度在提升，加速度也越来越大，更容易给你从容不迫的加速感；涡轮增压车型却是一直维持大致不变的加速度，和你预期的转速越高提速越"来劲"是有点落差的，因此有人会说它的中高速加速缺少些激情。

不论涡轮迟滞，还是高转速乏味，都是涡轮增压车型的固有特性，有所得也有所失，还是了解了它的特性并善加运用才好。

13.6　涡轮增压车型的注意事项

说了太多涡轮增压相关的技术内容，这里聊聊涡轮增压车型在日常使用过程中的注意事项。

选用质量优秀的机油是最应该注意的。涡轮增压器工作时的温度极高，它们的散热也要通过机油来实现，好机油能在高温下保证自身性能的稳定，也能更好地为涡轮散热。厂家为自吸发动机多推荐矿物机油，对涡轮增压发动机多推荐半合成以上的机油。全合成机油有着更好的高温稳定性、抗氧化性，使用全合成机油会让你更踏实，至少，别贸然使用比厂家推荐的机油等级更低的机油。我见过不少老车主，为了节约，给自吸发动机用最破的机油，对涡轮增压发动机这种省钱招数千万慎用。换油周期方面，以说明书推荐为准，现在绝大多数厂家的换油周期都是1万千米甚至更多。

至于涡轮增压车型停车后不能立即熄火，也是个很古老的传言了。我们的推荐很简单，依然是参

▲ 涡轮工作时的温度从600摄氏度到1000摄氏度不等，甚至更高，但如今对涡轮的润滑和散热也早就是成熟的技术了

考汽车说明书。一般来讲，如果汽车发动机工程师连这种最基本的问题都解决不了，开发出的汽车你还敢开？如今的涡轮增压发动机，都能在车辆熄火以后维持散热器的运转，直到涡轮温度降下来为止。如果你担心的是，虽然冷却液依然在循环，但机油泵停止工作后停止在涡轮增压器轴承附近的机油会变质的问题，这一般来说问题不大，毕竟很快就能冷却下来，而且这也是我推荐用好的机油的原因。

总之，汽车说明书是个好东西，有疑问以说明书为准。

13.7 总结：尽管去体会涡轮的乐趣

本章讨论了不少技术本身的问题，因为随着法规越来越苛刻，内燃机的小排量增压会越来越普及，你选择自吸还是增压可能就不是你所能左右的了。与其抱怨，不如去适应新技术。就像当年电子节气门取代拉索节气门的时候，我们也抱怨加速响应太差了，可现在你还会抱怨这个问题吗？很多人可能根本不知道我说的是什么吧。

有些发动机，本身就有自吸和增压两种形式，比如大众的EA211就有1.4L自吸发动机，也有1.4TSI涡轮增压发动机。如果只是用在Polo这种小车上，如果你要求不高1.4L也够用；如果用在更大的车上，1.4TSI才更合适。

问题14：买手动档还是自动档

小左："我早就忘了手动档怎么开了。"

小右："我以前开了这么多年手动档，现在估计也忘了。现在这么拥堵，手动档真的没市场了。"

不知道是堵车太厉害造成了自动档的普及，还是自动档降低了驾驶门槛让堵车更严重，但不论对于只是把车看作代步工具的小左，还是很看重驾驶乐趣的小右，都没有任何买手动档车的理由了。

14.1 手动档的乐趣你还能体会得到吗？

手动档车真的有乐趣吗？是的，直接的动力传递，更少的动力损耗，驾驶者直接意图的操作，都是自动档车难以企及的。

但是，如今好像除了西部一些人迹罕至的公路外，就没有什么地方不堵车，上到一二线城市，下至五六线城镇都是如此。手动档的车除了让你的左脚和右手一通劳累外，几乎不会让你感受到什么掌控感了。况且，所有运动性强的手动档车，离合器都出奇的沉，行程出奇的短，在拥堵路况中驾驶起来的劳动量没有实际体验过很难理解。现在，好像只有去赛道才有可能体会驾驶的乐趣了。

▲ 斯巴鲁翼豹的 STi 版是以手动档为主，但热爱和拥有不是一回事

▲ 这种运动型车为了应对巨大的转矩，离合器踏板都很沉，而且结合点非常短促，在走走停停的拥堵城市里开起来会很辛苦

日常使用体会驾驶乐趣几乎没什么可能了，那么手动档车节油的优势还有多大的竞争力呢？很遗憾，也没有什么竞争力了。我们针对不同

类型的自动变速器，简单分析。

14.2 档位越来越多的自动变速器（AT）

▲ 曾经，丰田车型也是以普通的 AT 为主，但虽然丰田还是爱信的大股东，但丰田通常不爱在普通车型上使用最新的爱信产品，所以相当长时间内，丰田凯美瑞只是使用 5AT，皇冠才用得上 6AT

AT 是最成熟、最可靠、性能上最不出彩的变速器，但却应用最广泛的一种。如今绝大部分品牌的主流变速器仍然是 AT，比如宝马、捷豹及路虎等。

例如，爱信 6AT 是前些年的一款标杆级变速器，它用在了诸多大众、雪铁龙、丰田车型上。但以那时候的技术水准，它的油耗水平比普通手动档车肯定要高，而且还会很明显。

知识普及：丰田旗下有专做变速器的爱信，日产旗下有专做变速器的捷特科（JATCO），而本田的变速器基本是自己生产。

AT 有最广泛的用途，比如在强调可靠性，工作状况复杂，对转矩要求高的越野车上，一般更常使用 AT。最喜欢使用双离合变速器的大众，上一代途观都是 6AT。这一代途观定位更偏向城市，弱化了越野倾向，变速器才换成双离合。

前几年，AT 开始了档位数的"军备竞赛"，因为试图通过更多的

▲ 上一代途观（Tiguan）还是比较注重越野性能的

▲ 上代途观一直使用 6AT 自动变速器，就是看重 AT 变速器更好的适应性和可靠性，更偏重城市的新途观已经换成了注重经济性和驾驶感受的双离合变速器

买手动档还是自动档 Q14

档位让发动机尽可能工作在经济转速区间。军备竞赛的成果甚至到达了 10AT，比如雷克萨斯、现代都推出了 10AT 的车型，但比较普及的还是 8AT 和 9AT。爱信针对横置发动机的 8AT 被很多厂商采用，采埃孚针对纵置发动机的 8AT 大量应用在宝马、捷豹及路虎车型上，9AT 则以奔驰自己的 9G-Tronic 变速器为代表。

▲ 曾经，宝马在推出前驱车型之前实现了旗下几乎全系车型标配 8AT，这最经典的"大鸡腿"变速杆也代表着变速器的技术含量

▲ 连旗下最入门级的 1 系和 X1 都曾经标配 8AT 变速器，那是宝马最"宝马"的时代，可是在推出前驱的 X1 和 1 系三厢后，因为之前的 8AT 不能匹配新的前驱车横置发动机布局，6AT 的采用就让宝马的味道淡了很多

▲ 很多采用前驱布局的宝马车型改换成 6AT 后，连"大鸡腿"变速杆都不好意思保留，回归到了如此"平庸"的形式

▲ 一向自己生产变速器的奔驰，将原来的 7G-Tronic 升级到了 9G-Tronic，就是从 7AT 升级到了 9AT，目前大部分奔驰车型都配备这款变速器

现代的 AT 技术含量越来越高，在性能表现上也越来越亮眼。比如采埃孚这款配备纵置发动机的 8AT，在不少厂家的调校下用到了性能车上，把这件 8AT 变成了"神器"。比如捷豹旗下的跑车 F—Type 配备这款 8AT，不论换档速度还是对转矩的传递，都足以让人热血沸腾。宾利旗下的车型也大多采用这款 8AT，比如采用 6.0T 双增压 W12 发动机的

欧陆 GT 的 Speed 版车型，这款 8AT 要应对 800 多马力的强劲动力，在高速公路上全力加速时它可以直降 4 档（比如从 8 档直接跳到 4 档），极速超过 330 千米/时，但你若轻松驾驭时它又有润物细无声之感。还是那句话，很多事情得看调校。

综合来看，AT 毕竟重量大，还有动力损失等因素，它在节油方面的表现仍难超越手动档变速器（MT），但 8AT、9AT 的经济性已经接近 MT 的水平了。

▲ 在这个巨大的 W12 双涡轮增压的 6.0T 发动机下面，匹配的 8AT 有着可平顺可激情的表现

14.3 双离合变速器（DCT）

可能会出乎你的意料，双离合变速器最初并非为了节油，而是出现在超跑上为了追求快速换档，比如保时捷、法拉利、兰博基尼、宝马 M 车型都很早就尝试双离合变速器。后来，还是大众首先从提升经济性的角度，在家用车上推广双离合变速器战略。基本上，它的节油性能是能超过手动档车的。

双离合变速器的原理其实很简单：模拟手动变速器，但在同心轴上有两套离合器，一套离合器结合奇数档齿轮，一套离合器接合偶数档齿轮，同一时间只有一个离合器接合，另外一个离合器处于准备状态，这样既可以实现快速换档，又有类似手动变速器的低损耗。

大众不遗余力推广双离合变速器，理由很简单，因为它换档时间极短，转矩切断的时间很短，而重量并没有比手动变速器增加太多，结果是双离合变速器车型的节油性甚至优于手动档车。与此同时，因为转矩的传递是通过离合器和齿轮组直接传递的，它能提供非常直接的动力感受，和手动变速器的感受非常类似。

各个品牌表示双离合变速器的名称也很多，包括大众的 DSG、奥迪的 S tronic、保时捷的 PDK、奔驰的 MCT 9G、宝马的 M-DCT、沃尔

买手动档还是自动档 Q14

沃和福特的 PowerShift 等。

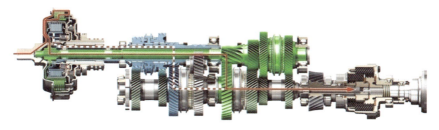

▲ 双离合变速器原理图，同轴的两个离合器分别控制两个齿轮组的配合

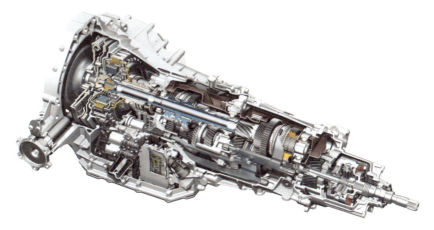

▲ 从这款双离合变速器的解剖图，能看到橙色和蓝色两组离合器片

大众的双离合变速器被更多人知道，还是源于 DSG 的故障召回问题。大众旗下主要有两类双离合变速器：干式和湿式，干式双离合变速器本身没有润滑油的散热，容易有过热现象。后来，随着技术的改善，这些变速器也基本不再有什么可靠性问题了，而且大众旗下车型基本都普及了双离合变速器。

▲ 保时捷是很早就开始使用双离合变速器的品牌，PDK 双离合变速器早已成为了保时捷的一个标签

◀ 大众的 DSG 曾经出现过一些可靠性问题，主要就是这款代号 DQ200 的 7 档干式 DSG，但随着技术的改进，现在口碑还算稳定，大众还有几款湿式双离合变速器，分别匹配不同的转矩

▲ 目前的大众车系，除了特别入门级还在使用 1.4L 或 1.6L 自吸发动机的车型外，几乎都使用双离合变速器，包括新款的更注重城市驾驶感受和经济性的 Tiguan

▲ 新款 Tiguan 的变速杆上也带有的"DSG"标识，说明 Tiguan 也采用了双离合变速器，毕竟它比 6AT 的经济性还是提升不少的

14.4 无级变速器（CVT）

另一个和双离合变速器一样在燃油经济性上甚至能超过手动档车的自动变速器，就是无级变速器（Continuous Variable Transmission，CVT）。前些年奥迪 A6L 和 A4L 也都有车型使用，但 CVT 更多还是受到日系汽车厂家的青睐。主要的理由，可能是欧洲厂家更看重驾驶感受，而日系厂家在这方面没有这么苛刻。

无级变速器从英文的字面上理解，是连续可变变速器，它没有特定档位，而是能够连续变化传动比。具体的原理也很简单，通过两组锥形盘

▲ CVT 的传动带两端有两组锥形盘，锥形盘张开或者夹紧就能改变传动带接触点的位置，类似于连续改变传动齿轮的直径

买手动档还是自动档 Q14

和一条传动带实现,两组锥形盘通过松开和夹紧改变传动带的位置,来改变传动带实际所在的传动直径。

CVT 能够节油的理由不在于动力传递的直接,相反,因为它采用传动带压紧锥形轮来传递转矩,实际上还是靠摩擦自锁的"软连接"方式,动力损耗在所难免。CVT 的节油靠的是自己的优势——无级变速,它能让汽车的发动机在任意时刻都保持在最经济的转速区域,有着最佳的燃油效率。从效果上,CVT 的节油性与 DCT 不相上下,比 MT 要强。

但 CVT 的缺点也很明显,比如你在正常加速的时候,发动机的转速却一直保持在同一个转速上不变,而不像你习惯的 MT 或 AT 车型那样要经历几次顿挫和发动机声音的高低起伏。如果你是一个追求驾驭感的人,CVT 可能会让你发疯。

对于越野驾驶这种对动力系统要求更苛刻的场合,CVT 也不是很适应,在长时间大负荷的情况下容易出现过热保护等现象。因此,真正瞄准越野的车型也不会采用 CVT。

正因如此,热爱驾驶的欧系车更热衷 DCT,注重实用的日系车更热衷 CVT。如今,丰田、本田、日产旗下不论轿车还是 SUV 车型,很多都采用 CVT 了,包括本田的雅阁、CR-V,日产的天籁、奇骏,丰田的卡罗拉、RAV4 等都有 CVT 车型,甚至连一向运动的斯巴鲁都归顺了 CVT 阵营。

至于 AMT 这种自动换档手动变速器,家用的产品在驾驶感受上差强人意,用得越来越少了,在这里不做讨论。有一个大致的概念,从省油的角度排序基本上是 DCT、CVT、MT、AT,从驾驶感受上是 MT、DCT、AT、CVT。

▲ 斯巴鲁被丰田控股之后,很快就把老旧的 4AT 换成 CVT,的确加强了短板,但也让驾驶感受打了折扣

14.5 手动档车才可以玩的独特项目

手动档车的确有着很多的优点,比如可靠性、可玩性。

113

简单可靠方面,手动档永远不可战胜,也是二手车的首选。一辆多年的二手车,只要变速器内部没有太大问题,换个离合器三件套和换档机构就抖擞精神又焕发青春,和新车一样。就算变速器出了问题,拆解修理或者换个全新变速器也是小菜一碟,自动变速器就稍微复杂一些了。

手动档车的可玩性就更多了,弹离合、玩漂移,甚至安全驾驶方面,手动档车都有更多操作可能。还有不少手动档车还追求所谓的换档吸入感,比如宝马的手动档车,还有美系肌肉车像 GT500 那样的车换档时金属撞击的声音,可比赛车游戏迷人得多。

▲ 上代福特 Mustang 的 GT500 车型有着最原始的驾驶质感,精致的变速杆球头带给你的不只是视觉的愉悦,换档时的金属撞击声更会带给你巨大的兴奋感

具体不多说,只说一点,越牛的自动档车型,只要追求驾驶感受的,就越会提供手动换档的方式,或者是方向盘后的换档拨片,或者是变速杆来切换,就是为了最大程度提供给你直接控制档位的可能性。

可糟糕的是,绝大多数人都不会使用手动模式来换档,因此咱们还得说说手动换档。

14.6 手自一体,鱼和熊掌兼得

手自一体是个好东西,虽然现在几乎不这么叫了,因为绝大多数自动档车都提供手动换档模式,除了非常少的一些特别不强调操控感的车型。可是,现实中的确很多人不懂得如何手动换档。

其实很简单,你会开手动档车,就很容易掌握手动换档;如果你连手动档车都不会开,那就忘了这码事吧。

你又会问,什么时候我非得要手动换档(除了闲得无聊的时候)?

其实有很多场合,比如大众的 DSG 容易过热,就是在城市里频繁起起停停,频繁半离合频繁换档造成。如果你会使用手动换档,直接把档位固定在 1 档或者 2 档上,让它工作在最适当的档位上,简单说把你

买手动档还是自动档 **Q14**

驾驶者的智商凌驾于不太适应这复杂路况的变速器换档逻辑之上，DSG 就不容易过热了。

或者，比如你在 90 千米/时匀速行驶时，你超车时是要降档超车还是只想稍微提速？自动变速器只能通过你踩加速踏板的力度去猜测你的意图，当然猜对还是猜错就不一定了。这时你不妨提前手动把档位固定在你希望的档位上，就不用和变速器玩"猜猜看"的游戏了。

▲ 如果你不会用方向盘后面的换档拨片，给你一辆法拉利你可能都很难开走，或者很难停下来

如果你想全力加速超车，变速器迟钝的"猜猜看"过程可能还会造成安全隐患，这时你也可以提前连续手动降档然后再全力加速超车，发挥动力系统最大的提速能力。

前面举了这么多例子，可我相信你即使理解可能也不会真正做出这些驾驶动作，毕竟现在的车主事情太多，开车越来越变成没有什么技术含量的事情了。我们假设你仍然不能掌握手动换档的技巧，却依然有方式让你的车更具激情，那就是绝大部分车都会提供的"S"模式。

▲ 奥迪车系的 D 位再向下拉就会切换到 S 位，再拉一下就重回 D 位

▲ 宝马的"大鸡腿"变速杆，在 D 位时向左推一下就进入了运动模式

▲ 如今奔驰绝大部分车型都使用怀档，驾驶模式的调整在中控台旋钮左侧的小拨杆处

简单说，S 模式就是更具有激情的动力输出模式，很多车型不但会改变变速器的换档逻辑，也会让发动机的响应更加积极，甚至有些车还会改变悬架和转向的力度。总之，需要急加速超车时，简单的切换到 S 模式也可以解决绝大多数问题。怎么切换？将变速杆直接切换到 S 位就可以了（有些车型是独立的 Sport 按钮），变速器不会坏的。

如果你不会手动换档，在必要时使用 S 模式就可以。实际上，对没有怎么练习过赛道驾驶的人来说，用 S 模式远比用手动换档能做出更快的圈速，就是因为变速器的换档"智商"比驾驶者要高。

14.7 总结：手动档即将成为历史

在自动驾驶都将成为趋势的时候，手动档完全成为历史也是早晚的事，现在很多品牌都不再推出手动档车了。

不论小左还是小右，他们都不会考虑手动档车。如果想追求驾驶掌控感，可以选择带有手动换档模式甚至带有方向盘换档拨片的车型。

自动档车是大势所趋，你需要让它更好地满足自己的需要，需要操控时可以开出手动档的乐趣，需要简单时就忘掉换档的事情，毕竟你不是职业的驾驶员。

问题15：买前驱车还是后驱车

小左："我只听说，高级车才用后驱，不知道是不是这么回事儿。"
小右："大概是，但高级车也有四驱的。"
小左："那前驱车就是不够高级呗？"
小右："也不能这么说，奥迪 A6L 也有前驱啊，好像这事儿不这么简单。"

很多不是很懂车的人，对于汽车的驾驶感没有太直观的认识，因此只能去比较所谓的高配置，什么倒车影像啊，座椅加热啊，几分区的自动空调啊。可车归根结底是用来开和坐的，乘坐是不是舒服，驾驶是不是合胃口才是最能够"恒久远"的内在品质。

都是一个壳子加四个轮子，可它们内部的构造可能有着天壤之别，前面我们就说过 DCT 和 CVT 驾驶感受的差别，这里要讨论的话题更是很多人不太明白，却又造成了汽车更大驾驶感受差别的东西——前驱和后驱。

15.1 前驱车就是廉价货？

买车之前，首先要确定自己对车辆的一些基础性要求，比如自动档还是手动档，比如涡轮增压还是自然吸气，比如前驱还是后驱，可后者却经常被人们忽略，因为不少人本来就认为车辆除了越野车是四驱外其他都是前驱。

的确，现在针对家用代步的车辆绝大多数都是前驱车，但这也经过了长时间的发展。现在公认的第一辆量产前驱车，是雪铁龙在 1934 年才推出的 Traction Avant，它集两项革命性技术于一身：四轮独立悬架和前轮驱动。汽车从 1886 年诞生，到 1934 年才出现前驱车型，中间经过了大约 50 年的时间。

▲ 雪铁龙的Traction Avant是公认的第一款量产前驱车型

▲ 从Traction Avant的结构就能看出，它最大化利用了前驱车的优势，就是结构简单合理

从Traction Avant的结构图就能看出前驱车的最大优势，就是结构简单，前置发动机和变速器直接与前轮驱动轴相连，结构简单紧凑，动力传递直接。因此前驱车价格低廉，省油轻便，这对家用车来说无疑是巨大的优点。

▲ 除了四轮独立悬架和前驱外，它还采用的另一先进理念就是承载式一体化车身

另外一个不容忽视但却不太容易理解的优点就是安全性。当你过弯发现车速过快时，很直觉的反应就是松开加速踏板或者制动，这会让车辆减速的同时把重心前移到前轮上，帮助前轮快速恢复抓地力，有利于过弯。简单说，前驱车在车速过快时，减速有助于帮助车辆回到正轨，有从不稳定向稳定转化的倾向，这就是前驱车更安全的原因，后驱车可就没有这么听话了。

基于这几个理由，如今绝大多数家用车，不只限于轿车，都采用发动机前置前轮驱动的形式，就是所谓的前置前驱（FF）。但前驱车也有几个关键的弱点，比如加速性弱，加速感受差、驾驶感差。

前驱车把发动机、变速器等整套动力系统集中放在前轴位置，再加上前轴的转向系统，整个车身的重量分配非常不合理。车头过重使得转向不灵活，虽然有助于前轮抓

▲ 第8代奥迪A4依然有着非常明显的转向不足倾向，在激烈转向时驾驶者会明显感觉到车头的沉重

买前驱车还是后驱车 Q15

地,但也容易有过于明显的转向不足倾向。比如前几代的奥迪前驱车,在极限驾驶时转向不足的倾向就非常明显,毕竟奥迪不少车型原本是为四驱打造,四驱才是奥迪的精髓。如今奥迪的前驱车型已经大幅度改善了这种倾向,但仍然难免前驱车本身的弱点。

另外,我们都知道汽车在加速的时候,会发生重心后移的现象,让前轮的抓地力下降,你越需要急加速时前轮抓地力丧失越严重,结果就是造成前轮打滑而不能有效地提速。因此,直线加速给力的车型要么是四驱要么就是后驱,前驱车从骨子里就是加速和操控的弱者。

出弯加速时这种重心转移造成的前轮打滑更可怕,不但影响加速,更影响操控,容易滑出路面。因此,大功率对于前驱车反而是累赘,出弯时很容易造成前轮打滑而失去转向能力。基本上,原厂车超过250马力后就不太可能采用前驱布局了。比如我们能买到的进口版福克斯ST是采用前驱形式的具有250马力的运动型车,但更暴力的福克斯RS功率达到了350马力,它就不可能采用前驱布局了。

▲ 最大功率达到250马力的福克斯ST几乎是最大马力的前驱车,它0-100千米/时加速时间是6.5秒,前驱车很难在加速能力上再有很大的突破,除非故意把重量移动到前轴上,打造"直线王、弯道亡"的怪物

▲ 具有350马力最大功率的福克斯RS采用四驱形式,就是个地道的性能车了

再比如,大概220马力的高尔夫GTI还可以使用前驱布局,但调校到290马力的高尔夫R肯定要使用四驱布局。它们0-100千米/时的加速成绩更能说明问题:290马力的高尔夫R是4.8秒,比220马

▲ 前驱的布局就注定高尔夫GTI不是那种偏激的性能车型,它还是希望把日常驾驶的经济性和驾驶感综合起来

力的高尔夫 GTI 的 6.9 秒提升了超过 2 秒，这巨大的提升绝不只是动力的关系，更是四驱的关系。

15.2　追求豪华动力和乐趣的后驱车

注重驾驶感受的豪华轿车，多采用后驱的形式。后驱车的优点，正是前驱车的劣势。

人们最初发明汽车时，是借鉴了马车的结构，相当长时期内都是后驱的形式。刚刚我们不是还说前驱车的结构简单吗？可这简单的结构，却是经过了相当长时期的机械设计积累后才设计出来的。最初，人们很难把沉重的动力系统和负责转向的系统全部集成在前轴上。因此前轴负责转向、后轴负责驱动的后驱结构一直延续了半个世纪。

即便前驱车出现之后，豪华轿车依然坚定地坚持后驱布局（除非为了安全采用四驱布局），比如大型轿车里，不论奔驰 S 级、宝马 7 系、奥迪 A8，如果不是采用四驱布局那无一例外都是后驱布局。前驱车的主要优点是结构简单、成本低、价格便宜，这对于豪华轿车来说并不重要，而前驱车驾驶感受不好的劣势却是豪华轿车不能容忍的。

▲ 奔驰把三轮汽车发展到四轮之后，前轮仍然负责转向，体积庞大结构复杂的动力系统集中在后轴上，这种汽车驱动的布局持续了大概半个世纪

▲ 比如奔驰 S 级这样的大型轿车，有四驱版车型，但也不乏纯后驱的车款让你感受后驱乐趣

后驱布局最大的优点就是加速强劲。前面说过，加速时受到力矩的作用，汽车重心会向后偏移，增加后轮承受的重量，这会增加后轮的抓地力让后轮更不容易打滑。区别来了，前驱车越加速驱动轮越容易打滑，而后驱车越加速驱动轮越不容易打滑，反过来越能提供更强有

买前驱车还是后驱车　Q15

力的加速。因此，后驱车的加速能力明显强于前驱车，而且加速力度呈现越来越强的趋势，尤其是后置后驱的布局还进一步增加了后轴上的重量。

美国人爱玩直线加速赛，你注意看他们的赛车，后轮宽大的轮胎将近半米宽，但前轮的小轮胎就像青蛙前腿，基本只是个摆设。因为加速的时候前轮都会离地，因此车尾还有一个支撑杆让车头不至于抬起太高。很多动力稍强的量产后驱车，后轮也比前轮宽。

◀ 美国人更爱简单粗暴的加速，为后驱车配备极其宽大的后轮胎，前轮尽量减轻，即便如此也难以驾驭巨大的转矩爆发

我们知道，加速感只是驾驶感受的一部分，另外更重要的是操控感，后驱车的操控感受也比前驱车强很多。这主要来自于重心分配的合理性，也来自于可以通过动力让后轮轻微滑动帮助过弯，就是大家俗称的漂移。重心分配合理，比如宝马以前总强调的 50∶50 前后轴重量分配，就是意图打造过弯时车辆具有最平衡的状态，也让驾驶者可以在转向过度和转向不足之间做出平衡。这些听起来稍微高深一点的驾驶技术，其实是你熟练掌控后驱车必备的技能。

▲ 加速瞬间轮胎承受的巨大转矩和巨大摩擦力的配合，让轮胎都产生了严重的变形，这在前驱车上是不太可能的

至于操控性的优势，简单举个例子就能说明。为了比赛而打造的赛车，从卡丁车到各级方程式赛车，包括 F1 赛车，都是后驱形式。至于那些房车比赛，原本的目的是让那些家用车之间比拼，如何驱动就没有什么意义了。

▲ 后驱车在弯中加速，让后轮突破抓地力向外甩尾来帮助过弯，就是俗称的漂移过弯方式，这虽然不能获得最快的过弯速度，但却是很多人所追求的驾驶乐趣，当然这一代宝马 M5 也开始装备了四驱系统，但仍然能切换到完全后驱的模式，这和奔驰 E63 的步调是一致的

▲ 采用后驱布局的车型，往往采用纵置的发动机，更便于输出轴向车尾的延伸

▲ 最追求性能的 F1 也采用后轮驱动，这说明后驱有着最纯粹的驾驶感受和性能，但后驱是否适合你还要具体分析

专注驾驶感受的超级跑车，不论法拉利还是迈凯伦，主力车型都是后驱形式，因为它们要带给车主的首要内容不是四驱的安全，而是后驱带来的热血激情的驾驶快感。

这也引出后驱车最大的缺点，就是对驾驶技术要求高。前面说过，前驱车有从不稳定向稳定转化的倾向，可后驱车控制不好，却有从不稳定向更不稳定转化的倾向。

▲ 法拉利、迈凯伦这类超跑必然也是以后驱车型为主力，连兰博基尼也终于推出后驱车型了

且不说你要漂移过弯，举个实际驾驶会遇到的例子。过弯时你发现入弯过快，稍重一点的制动就有可能会让车尾外甩，这时你正确的动作应该是轻轻松一点制动踏板（目的是恢复一些后轮承担的重量，获取一

买前驱车还是后驱车　Q15

些抓地力；对后驱车来说，松加速踏板过快都有可能造成失控）并反打方向盘，但这个"反人类直觉"的动作说起来简单做起来却很难，尤其是松制动。如果你没受过训练，人类的直觉就是更大力度地踩制动踏板，车很可能会失控，至于失控方向就取决于你如何操作方向盘了。

简单说，前驱车即将失控时制动更倾向让车辆回归稳定，可后驱车在即将失控时大力制动只会加速车辆的失控。可后驱车的驾乘快感也正在于此，即使不开到极限，后轮轻微的甩尾倾向本身就在协助过弯，因此后驱车往往有着更灵活的转向感受。如果你经受过训练，能

▲ 原地烧胎这种变态项目在大排量后驱车上也是很容易实现的，只要你舍得轮胎

够掌握后驱车的驾驶技巧，它带给你的驾驶快感是很多品牌所追求的，比如后置后驱的保时捷。

后驱车先天具有的缺点也不少，比如后驱成本高、车辆价格贵、油耗更高，车底一根贯穿前后的传动轴也会让车内中央难以避免有个巨大的凸台，但这些对于豪华车型来说根本不是什么问题，因此，豪华车基本都采用后驱，经济型家用车大多是前驱。

如果你是追求后驱操控感受的年轻人，手里银子不多，市场上也有专门的车型可选。就像电影《头文字 D》里那辆 AE86 一样，一款廉价的后驱车还是有市场的。丰田和斯巴鲁打造的丰田 86 和 BRZ 就是 AE86 的继承者，可惜由于各种问题现在不进口了。你还可以选的车，可以参考我们前面提到过的"小跑"车型，比如马自达的 MX-5。

▲ 斯巴鲁的 BRZ 是专为年轻人打造的感受后驱驾控和漂移的车，它的原配轮胎甚至是只有 205 毫米宽度的窄胎，这样的胎很适合漂移，不喜欢漂移你就自己去改换宽胎

15.3 总结：推推拉拉的选择

如果你注重车辆的实用性和经济性，前驱可能是最好的选择。

如果你手里不差钱，要买辆豪车，以充沛的动力储备为基础的豪车也不会有什么前驱选择。前面说的后驱车多么不安全，也只是相对的，豪华车会为后驱车配备比较周到的"电子保姆"，就是各种 ESP 类系统，在有打滑倾向时会限制动力的输出。但，开大功率后驱车踩加速踏板别那么粗暴倒是一定要记住的。

再有，如果你要学漂移，可别再去网络上弱弱地问什么前驱车能不能漂移之类的问题了。

▲ 宝马 2 系旅行车的前驱底盘，宝马放下架子打造一系列前驱车，无疑还是要抢占以实用为主要诉求的经济型家用车市场

问题16：买两驱车还是四驱车

小左："我又不买 SUV，四驱车跟我没啥关系。"

小右："如果买 SUV 呢？要不要买四驱的？"

小左："买 SUV 我可能也不会买四驱的，我也不需要去越野。"

小右："我觉着买 SUV 就得上四驱，要不就买轿车，何必弄个两驱的 SUV 呢。"

像小左那样几乎从来不自驾到远郊的人，几乎都不考虑 SUV 的人，居住环境也不在多雪的东北，买个四驱也得不到什么实际的好处。可是市面上的 SUV 也有太多两驱车型了，到底该不该选四驱呢？

前面我们分析了前驱和后驱的优缺点，四驱车能把前驱和后驱优点综合在一起，那还有什么理由不选四驱呢？这就是本章要解决的问题。

16.1 四驱 = 前驱 + 后驱

简单说，选不选四驱依然是个代价的问题。再好的东西，如果你没有用，也就没必要去买。汽车领域里也是如此，很多事情都是要对收益与代价做平衡。

说到四驱，喜欢车的朋友脑子里就会闪现很多车型或者代号，什么威利斯、奔驰 G、乌尼莫克、斯巴鲁等。

人们现在通常认为 Jeep 威利斯是四驱车的鼻祖，虽然还有更早的四驱车出现但不太为人所知。为了战争的需要，美国发展出了威利斯，就是如今 Jeep 牧马人的前身。德国的奔驰也在很

▲ 1979 年刚刚亮相的代号 W460 的奔驰 G 到如今也没有太大的变化

早就开发过四驱越野车,但奔驰 G 正式走入民用市场的正轨,还是从 1979 年开始。奔驰的乌尼莫克的名称 UniMog 在德语中就是通用汽车设备的简称,因为它可以就是一个带有发动机的机动车平台,可以安装各种机械设备完成各种任务,诸如耕地、推土、挖土、吊运,等等。斯巴鲁更是为了提供给电力公司能够应对恶劣雪地而开发的,在前驱的斯巴鲁 1000 基础上开始走上了自己的四驱之路,并且水平对置发动机和对称的四驱结构成为自己品牌的象征。

▲ W460 的奔驰 G 主要定位是实用的越野车,还不那么强调豪华性

▲ 带大梁的非承载车身,搭配分时四驱系统,无疑在越野方面能够吃苦耐劳

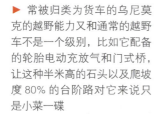

▶ 常被归类为货车的乌尼莫克的越野能力又和通常的越野车不是一个级别,比如它配备的轮胎电动充放气和门式桥,让这种半米高的石头以及爬坡度 80% 的台阶路对它来说只是小菜一碟

◀ 1972 年斯巴鲁在推出的 Leone 旅行版上武装了对称的四驱系统

买两驱车还是四驱车 **Q16**

16.2 四驱也分很多类型

你能分清四轮驱动的几种形式:分时四驱、全时四驱、适时四驱,以及它们的本质区别吗?

分时四驱,是由驾驶者根据路况手动选择两驱还是四驱模式的。这种车型有一个由驾驶者控制的分动箱;可以切换为两驱和四驱。大多数以纯粹的越野为主要诉求的车型都采用这种分时四驱,比如牧马人、路虎卫士、铃木吉姆尼等。

分时四驱系统基本是机械连接,简单可靠,专为越野而生,但最大的问题就是依赖驾驶者的经验。

现在很多车辆并不需要如此专业的越野能力,而是需要提供给驾驶者一个"傻瓜"模式,全时四驱系统就是这样的,它始终为前后轴传递转矩并自动调整分配比例。绝大部分豪华越野车都使用全时四驱系统,其中的代表就是号称"穿着西装越野"的路虎。

▲ 分时四驱系统的典型切换操纵杆,2H(两驱高速)和4H(四驱高速)之间切换通常不用停车,但要从4H切换到4L时分动箱内要切换齿轮,一般要停车挂到空档并踩下离合器后才能切换

▲ 路虎的全地形反馈系统靠一个旋钮选择不同的越野模式,这已经被诸多厂家模仿

▲ 第二代全地形反馈系统的最大升级是带有了自动模式,旋钮按下后车辆能根据当前的路面状态自己帮你选择越野路况模式

127

▲ 揽胜运动版的切割图,可以看到发动机和向后的传动轴的布局

▲ 揽胜运动版全时四驱系统的俯视图,变速器输出,一根轴到后轮、一根轴折返回前轮

▲ 揽胜运动版后轴的差速器,驱动轴上必然要设置差速器,以允许转弯时内外侧车轮的转速差

买两驱车还是四驱车　　**Q16**

全时四驱系统几乎在任意时刻都保持前后轴的动力输出，而适时四驱（也称为实时四驱，取实时反应的意思）系统根据字面的含义，就是在适当的时候四驱系统才会介入，其他主要时间都是两驱模式，驱动轴打滑时才向另一根轴分配部分转矩作为辅助。如今主要的非豪华城市 SUV 大多采用适时四驱。结构上，适时四驱通常是前驱为主，在前后轴之间有一个离合器或者液力耦合器，结合时基本可以实现 50∶50 的前后转矩分配比例。

▲ 像丰田汉兰达这样的城市 SUV，多采用适时四驱

▲ 汉兰达车内和越野相关的也就是中差锁的按钮了，但它的作用实际上只是让连接前后轴之间的离合器或者液力耦合器接合上而已

如今，为了打造更好的经济性，有些豪华车型也让全时四驱系统在公路上匀速行驶时可以自动切换为两驱形式，比如奥迪 Q5L，虽然奥迪官方也自称为适时四驱系统，但适时和全时四驱系统之间已经越来越难以严格地区分了。比较量化的一个区分指标，还是要看四驱系统向前后轴的转矩分配比例，是否能够接近让任何一个驱动轴都能获得接近 100% 的转矩，至少要远超过 50% 的转矩。

◀ 奥迪 Q5 采用的新的 quattroultra 四驱系统放弃了托森差速器，而是通过多片离合器来控制前后轴转矩分配，匀速行驶时会尽可能让前轴单独驱动

129

说了这么多四驱的不同形式，再给出一个粗略的越野能力排序，分时四驱配合几把差速锁无疑是越野能力最强的，全时四驱其次，它也能够把大部分转矩单独分配到前轴或后轴，适时四驱的越野能力无疑是最差的，目的只是应对稍微恶劣的路况而绝不是去 off-road。

再补充一点，PSA 集团的前驱 SUV 如今也在车里设置类似四驱越野的模式，不能说通过电子系统改变动力输出和 ESP 动作的模式对恶劣路况一点用都没有，但两驱就是两驱，再控制也不是

▲ 标致和雪铁龙如今在国内的表现极度惨淡，产品力不足是主要原因，比如多年来也没有开发出带有四驱系统的 SUV 车型，却把心思放在给两驱车安装这种"伪越野"模式上，可以说是华丽地错过了这一波 SUV 行情

四驱，这种设置多少有点可笑。也不知道车主看着这样的按钮，心里是满足感更多呢，还是其他的感受。

16.3　四驱更是雪地利器

如今，人们选择四驱车，除了越野外很大的一部分诉求就是应对雪地路况。比如在东北，斯巴鲁就是一个比较受欢迎的品牌，因为斯巴鲁的全时四驱系统在雪地上有先天性的优势。我们前面讨论过，实时四驱是打滑之后才动作，可在雪地里如果已经发生打滑要脱困就困难了；全时四驱系统是在打滑前就一直四轮驱动，自然打滑来得要更晚一些。

这里也补充一个知识点，如果只比较直线加速的能力，四驱车大概看成两倍于两驱车，但也比不上冬季胎的作用，我们实际试验过，在雪地上冬季胎的抓地力比夏季胎远

▲ 全时四驱系统更适合在雪地上行驶，四个轮子牵引，极限来得肯定比两个轮子牵引晚很多

买两驱车还是四驱车　　Q16

不止两倍。简单的结论是，如果你的车是两驱车，换装冬季胎后加速能力不差于使用夏季胎的四驱车。更重要的是，在制动时，不论四驱车还是两驱车，它们都"站在同一起跑线上"，都是四个轮子制动，可见冬季胎的重要性。

▲ 前驱车换装冬季胎后，加速能力提高的可不止两倍，这倒不是冬季胎的抓地力有多强，而是夏季胎在雪地上的抓地力实在太低，在薄冰路面上甚至根本就难以起步

▲ 在冰雪路面上你就明白冬季胎有多么重要

16.4　四驱对公路驾驶也有用？

四驱对于越野的作用不再多说，但很多人忽视四驱对于公路运动性的重要性。现在太多豪华品牌的城市 SUV，配备的四驱系统与其说是为越野准备的，不如说更多为了打造公路上的运动性。

先举个经典的例子，奥迪 Quattro 车型。我们都知道，奥迪 quattro 四驱技术是奥迪品牌形象的核心技术之一，它就来自奥迪 Quattro 这款在赛场上大杀四方的经典车型，以至于拉力赛的赛车都纷纷效仿使用四驱系统。

◀ 如果你不了解一个品牌的历史，你就不是真正热爱一个品牌，对奥迪来说，它最重要的一段历史就凝结在这辆 quattro 车型上

这里要区别两个事情，驾驶感受和真正车辆的极限是两个不同的层面。纯后驱车会让你感受到更活跃的车尾，让你掌控车辆尾部的漂移，虽然真正的过弯速度并不是最快，但给人的感受却非常刺激；四驱车在公路上的过弯极限更高，它通过稳定的车身姿态和抓地获得这种极限，对于驾驶者来说却不够刺激。就像你开卡丁车，过多尾部的滑动会让你的成绩很糟糕，可是很多人就喜欢尾部滑动的感觉，这就是两个不同层面的追求。

如今，诸多注重公路极限性能的品牌都运用了四驱的技术。前面我们提到过，奔驰 E63 AMG 和宝马 M5 相继放弃了以前纯粹的后驱形式，用上了四驱系统，也都可以切换到纯粹的后驱形式，可能是如今动力系统的能量越来越大使得掌控纯后驱车辆越来越难了吧。奔驰的 4MATIC、宝马的 xDrive、奥迪的 quattro 都是能越野、能公路的选手。在公路上，四驱系统不但能在直线加速时把转矩分配给四个车轮，更在于过弯时，能够随时调整分配给每个轮子上的驱动力，帮助过弯。这很好理解，向左转弯，四驱系统就增加右侧车轮的驱动力，甚至配合对左侧车轮做轻微的制动，就让车辆有更高的过弯极限（其实和 ESP 原理类似，但这种四驱转矩分配是主动式，当然可以和 ESP 系统联合动作）。

当然，你是否需要这样的四驱系统来帮你提高公路上的极限，要取决于你自己是否喜欢。比如仍然有很多跑车并不追求这种极限的速度，而是更追求后驱的驾驶乐趣。比如四驱的福特福克斯 RS 和纯后驱的宝马 M2，就各自有各自的玩法。

▲ 奔驰的 E63 AMG 配备了 4MATIC+ 四驱系统，以便更安全地掌控暴躁的动力

▲ 宝马 M2 这样的后驱车，带给你的乐趣是四驱车很难提供的，当然如果你没有这样的驾驶水准反而很危险

买两驱车还是四驱车　**Q16**

▲ 真正以性能为诉求的车，往往有着强悍的四驱系统，比如在拉力赛上成名的斯巴鲁翼豹和三菱 EVO

▲ 斯巴鲁翼豹 STi 的四驱系统，除了运动和超级运动模式外，还可通过多级调节中央差速器来分配前后轴的转矩分配

16.5　总结：有用没用才是你要考虑的核心

　　四轮驱动不管越野还是公路，都比两驱车有优势，但它也有自己的缺点，增加的四驱系统让车辆结构更复杂、重量更大、油耗增、噪声更大、价格更高。

　　这些缺点是否成为缺点，只取决于你是否真的需要四驱。如果必需，这些缺点你都可以忍受，如果不需要，它的缺点就太明显了。

　　现在你需要冷静地思考一下，是否真的需要四驱了。

问题17：买车重的好还是车轻的好

小左："车当然得重啊，你看好车哪个轻啊。重才安全，谁都懂啊。"

小右："我觉得也是，车重高速才稳。你看日系车高速发飘，就是因为车轻。"

关于这个话题，小右这位"老司机"也错了。太多人都有这样的误解，车就是重才稳，可事实呢？

17.1 好车和重量的本末倒置

汽车厂商花费大笔的研发费用在减轻车身重量，可是仍然有不少人觉得车还是越重越好。到底重量大才是好车，还是好车自然重量就大？这是两回事，很多人却本末倒置。

"重量大"绝不是汽车厂家造出一辆好车的硬指标，而是级别越高车身尺寸越大，越豪华各种配置越多，不得已大幅增加了汽车的整体重量，而不是厂家故意要把重量加大的。

相反，为了节能减排，几乎所有的车厂都在不遗余力降低车身重量。你看哪个合资品牌的新车上市，不着重强调新一代车型又通过什么轻质材料减轻了多少重量。如今的轻量化材料能够做到刚性和轻量的综合，包括铝合金、镁合金、碳纤维等各种材料。采用铝镁合金的轮圈，轻到你只需要一个手指头就能轻松提起来，一扇车门框架就像几本书那么重。捷豹路虎大量车型采用全铝车身，作为品牌的核心优势之一。超跑大面积采用昂贵的碳纤维和铝合金等轻量化材料，比如迈凯伦几乎全系都是碳纤维整体车壳，才使车身重量大幅降低。

如果本着车越重才越好的想法，厂家的钱可都白费了。

宁少10马力，不加1千克。对于追求性能极致的赛车如此，对于追求节油和综合表现的家用车也是如此。

买车重的好还是车轻的好　Q17

▲ 迈凯伦这款以车神塞纳命名的新旗舰,全身各处大量碳纤维材料,最终靠1198千克的轻车身、800马力的大功率打造出了迈凯伦终极跑车系列的新旗舰,对标法拉利的12缸车型

▲ 碳纤维材料的使用是迈凯伦的品牌竞争力之一,这款碳纤维主题版车型连中央锁紧式的车轮也选用了碳纤维材质

▲ 车内材料也大面积采用碳纤维,目的就是不计成本地减重,你能说这款只生产500辆的车太轻了就不值得买吗?

▲ 后视镜都要换成碳纤维材质,减轻每克重量都对性能有提升,积少成多才能打造一款极致性能的车型

▲ 任何一款赛车都要把减重做到极致,这是RS5的DTM版赛车内部,连中控台都省去了

▲ 换到驾驶人视角的RS5　DTM版赛车

17.2 车重不是高速稳的原因

车重就代表安全平稳？那是太古老的传说，或者是谣言了。

很简单，如果是这样，你把买来的新车里装上几代沙子，是不是高速就稳了？你换来的只是高速提速困难，真正开到类似的速度之后，在变线和颠簸时的稳定性不会有什么提升，甚至更危险。

传统印象里，很多人觉得美系车和德系车高速偏稳重，日系车高速发飘，这未免以偏概全。一款车高速表现如何，取决于这辆车在设计之初的定位，比如有些车更注重高速上是否沉稳。至于让它高速沉稳的具体手段，主要还是底盘悬架的调校以及空气动力学系统的设计。

▲ 厂家在设计每款车的最初都要设定一些基础性指标，比如最高安全车速，而且会在高速环路上做很周密的测试，如果你去整车厂的测试场参观过你就能了解到每款车背后的艰辛

买车重的好还是车轻的好 Q17

既然本书的目的是让你成为买车达人,了解一点悬架原理还是有必要的。汽车的减振系统基本上可以简单地理解为,每个轮子都靠一个弹簧和一个减振器支撑,实际上弹簧的作用是缓冲,减振器的作用是通过阻尼来控制弹簧的弹跳,两者配合得好才能达到好的效果。

▲ 真正原厂的尾翼,可完全不是摆设,也不是随意一个造型,而是要打造出专业的空气动力学效果

空气动力学的作用前面讨论过,就是随着车速的提高车身受到更大的空气下压力,如果没有这种下压力,一辆汽车很难有好的高速稳定性。比如迈凯伦塞纳,虽然车辆重量还不到 1200 千克,但能产生 800 千克的下压力,这才能保证它直线和弯路的操控。可是,打造过大的空气下压力也会造成空气阻力和地面摩擦力增大,油耗增加,因此还要看厂家对一辆车的诉求。

保时捷的博物馆里有一款著名的车,它被挂在天花板上,因为它能够产生比车重还大的下压力,理论上是可以贴在天花板上行驶的。这款曾经在 20 世纪 80 年代统治了勒芒赛场的车重量只有 850 千克,理论上车速超过 320 千米/时时能产生 850 千克的下压力,但它在赛场上经常能远超这个速度,甚至有过超过 400 千米/时的速度纪录。对了,你可能知道很多厂家都喜欢去纽博格林北环刷圈速。2018 年保时捷用退役后进一步强化的勒芒赛车 919 EVO 打破了保时捷自己统治了 30 多年的圈速纪录,就是 1983 年 956 创造的 6 分 11 秒 13。车身轻、动力强、操控好,是任何优秀赛车的核心竞争力。

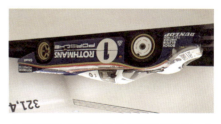

▲ 来到德国斯图加特的保时捷博物馆,这辆倒挂在天花板上的车很容易被忽略,可这却是保时捷历史上一款非常重要的车型,象征着保时捷曾经有过的赛车辉煌

▲ 赛车要取得最快的成绩，最快速的方法就是减重，因为它可以同时提高全方面的性能，包括提速、制动、转弯，至于车轻的影响要靠空气制造的下压力来解决，这款车独特造型的尾巴就是它的秘密武器之一

▲ 不但统治了勒芒赛场，保时捷956在1983年打造的纽北圈速纪录直到2018年才被保时捷再度强化的赛车919 EVO打破

17.3　总结：你要的不是车重，而是传说中的高速稳

有些车辆把自身重量就作为一个考核指标，比如机场里的飞机牵引车，重量不够的话遇到大风连飞机带车都被吹走就不好了，比如A380的牵引车自重甚至接近40吨。

对于家用汽车，车重带来的最大问题就是高油耗，因此厂家在竭尽所能降低汽车的重量。虽然我们不是要全面抹杀车重的作用，但以车重作为挑选车的理由肯定是站不住脚的。

如果你希望挑选一辆高速稳的车，该怎么挑呢？其实也很简单，除了参考朋友之间的口碑外，你可以参考厂家给出的最高安全车速数据，比如同为紧凑型的车，1.2T的速腾是210千米/时，1.2T的丰田卡罗拉是180千米/时，安全极速不一样，你对它们高速稳定性的差别也就有个大体概念了。另外，高级别的大车一般要比低级别的车稳定得多，我个人更重视高级别的"凤尾"车而非高配置的"鸡头"车，主要就是这方面的考虑。

问题18：买独立悬架还是非独立悬架

小左："就算我不懂车，我也知道不能买非独立悬架的车，那叫板车悬架，谁买谁是冤大头。"

小右："根本不是这样，法系车都是非独立，但操控绝对好。"

小左："我说的冤大头，就是买法系车的。"

小右："呃……你不懂，不跟你说了。"

好像在整个地球上，"非独立悬架"的不受欢迎程度以中国市场为甚。公说公有理，婆说婆有理，到底该信谁？

18.1 何为独立悬架？何为非独立悬架？

如今法系车在中国是凋落最快的，不否认缺乏市场营销招数是重要理由之一，另一个理由也的确源于它们的产品不适应中国市场。什么叫适应？就是中国人喜欢什么你就生产什么，中国人不喜欢什么你就得回避什么，可法系车偏偏有点反其道而行。比如非独立悬架。

先讲讲什么是非独立悬架。

从示意图就很容易理解，非独立的悬架不论形式如何，最关键的特点就是，左右车轮之间是有一根硬轴直接连接的，当一侧车轮遇到路面不平上下运动时，另一侧车轮也会受到影响，比如轮胎不会再垂直于地面，影响车辆的稳定性和抓地力。

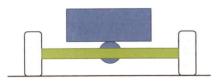

▲ 非独立悬架，左右车轮之间是通过一根硬轴连接起来的

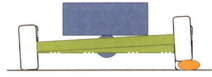

▲ 非独立悬架一侧车轮运动时，另一侧车轮也会受到影响，比如车轮倾斜，抓地状况就会改变，车辆稳定性肯定受到影响

但非独立悬架也不是一无是处，比如硬派越野车，非独立悬架除了极好的坚固性和可靠性外，前后两根轴的大幅度反向摆动可以让四个车轮有非常大的垂直运动行程（甚至可让上下落差将近1米）。你可能看过牧马人或者路虎卫士那样的车，一个轮子跨上半米高的石头，另外三个轮子还都没有脱离地面。别看很多图片把轮子翘起来显得多牛，轮子尽量不离开地面才能提供最好的抓地力和攀爬力。

▲ 在硬派越野车上，非独立悬架依然有着难以替代的优势，除了可靠性和坚固性外，前后轴反向摆动可以提供给对角车轮巨大的上下行程是越野能力的重要基础

▲ 从越野神器乌尼莫克上再感受一下前后非独立悬架的扭转幅度

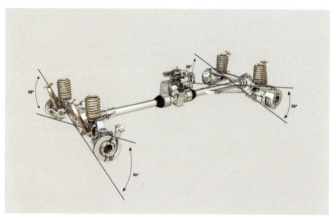

▲ 乌尼莫克的前后轴分别可以扭转30度，你可以想象，通过这种反向扭转，一个轮子骑上大石头之后其他三个轮子可以尽量不离地

再看独立悬架。原则上，左右车轮都只和车身建立连接，车轮之间没有直接的连接，当一侧车轮遇到坑洼上下运动时，不会影响到另一侧车轮的稳定状态。因此，独立悬架的车辆行驶更舒适，更平稳。

买独立悬架还是非独立悬架 Q18

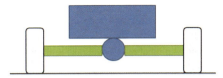

▲ 独立悬架左右车轮并没有直接连接,而是分别固定在车身上,让每个车轮都能独立上下跳动

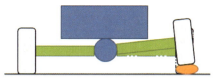

▲ 一侧车轮遇到坑洼上下跳动时,不会影响另一侧车轮的稳定状态,故称为独立悬架

从结构的原理上看,独立悬架在舒适性和稳定性上比非独立悬架有巨大优势,但在现实世界里,独立悬架的结构要复杂不少,直接引发的问题就是成本大增,而且占用空间大,造成车内空间变小。因此,市面上的车型也并不都采用独立悬架,但以舒适性和档次感为核心诉求的高端车型绝大部分都是独立悬架,讲求运动性的车也多采用独立悬架。

这里我们再分开讨论前悬架和后悬架。因为空间的限制,绝大多数家庭用车都采用麦弗逊式独立前悬架,当然有些厂商会对这种麦弗逊悬架做某种细微的改进以实现自己更精确的转向感觉等诉求。

▲ 奥迪 Q3 后部采用了独立的的多连杆式悬架

▲ 从这款四驱版的奥迪 Q3 透视图,可以看出前为麦弗逊式独立悬架,后为多连杆式独立悬架

▲ 奥迪 Q3 的前麦弗逊独立悬架,发挥麦弗逊独立悬架空间占用小的优点,为前排驾驶者和乘客提供最大的腿部空间,绝大部分轿车和 SUV 都采用这种结构的前悬架

麦弗逊式独立悬架结构简单，却要同时负担发动机等巨大载荷以及车辆转向的横向负荷，对于更高级别的车辆来说就有些捉襟见肘了，于是，更高级别或者更追求运动性能的车型为了让前悬架更加坚固，能经受更大的横向负荷、纵向负荷甚至垂直的负荷，会考虑改用更复杂的独立悬架，比如双叉臂或多连杆悬架。

▲ 对于奥迪A6这种级别的车，发动机舱有足够的空间可以容纳更加复杂的前悬架结构，并且也要追求更高的舒适性和操控感，前悬架就采用更复杂的结构来取代麦弗逊式悬架

▲ 奥迪A6的前悬架采用了5连杆式独立悬架，其实也是双叉臂变形而来。注意到它和上图并不完全相同，前悬架的螺旋弹簧被粗粗的空气弹簧所取代，这是自适应空气悬架，空气弹簧通过调节内部空气的压力来改变车辆减振的软硬等性能

想对独立悬架有更深刻的认识，你可以注意观察方程式赛车，它们往往把悬架布置在车体外，而且几乎无一例外在前后都采用多连杆悬架。首先，对赛车来说悬架占用空间不是问题，其次，多连杆悬架能够更精确控制车轮动作，上下弹跳时仍保证轮胎垂直于地面以获得稳定的抓地面积，并且，它们的多连杆悬架也会保留便利的调节机构，针对不同赛道、不同天气、不同驾驶者都能根据需要做出不同的调校。

听着很悬是吧，但方程式赛车的差别就来自于非常细微的点点滴滴，和家用车不在一个维度上。

前面提到过，雪铁龙的Traction Avant是公认的第一款前轮驱动的量产车，它还是承载式车身的鼻祖，它另外一个革命性的技术就是首款采用独立悬架的量产车。它的前轴采用了多连杆的布置，已经和现代的多连杆独立悬架大同小异了。

雪铁龙作为独立悬架的鼻祖，如今却因为半独立悬架而颇受质疑。

买独立悬架还是非独立悬架　　Q18

PSA 集团绝大部分轿车和 SUV 的后悬架都采用扭力梁式悬架,有人称之为半独立悬架,因为左右两个车轮之间的运动的确并非完全硬连接,但也并非完全没有影响。一侧车轮的上下运动扭动中心扭转梁,另一个车轮受到一些影响但并非按比例倾斜,因此称它们为半独立悬架也完全没有问题。如果把悬架只分两类,独立和非独立,半独立也属于非独立。

▲ 这是保时捷 919 EVO 的透视图,这辆混动的勒芒赛车退役后不再受到勒芒规则的约束,释放了潜力之后在各大 F1 赛场刷圈速,让 F1 赛车都相形见绌,保持了 30 多年的纽北圈速纪录也被它打破

▲ 扭转梁式非独立悬架是紧凑型车及更小级别车型经常采用的后悬架形式,前面的方形结构固定在车身上,后面类似"拖曳臂"的结构可以上下摆动以实现后轮的上下跳动,这种结构简单实用成本低廉,但 PSA 也的确把这种悬架的极限性能挖掘得很彻底

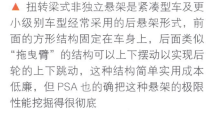

▲ 雪铁龙 Traction Avant 革命性地在量产车上首次采用了前独立悬架和前轮驱动系统

　　以前,这种悬架在紧凑型轿车的后悬架上很常见,比如引进国产的第一款高尔夫(第四代高尔夫)就采用了扭转梁式后悬架,在那个时候,人们对悬架形式还没有什么概念。但后来的大众车型,紧凑型车基本都开始使用多连杆的独立悬架,PSA 车系紧凑型车的扭

▲ 从第四代高尔夫的透视图,可以看到后悬架是扭转梁式非独立悬架

转梁悬架就开始被频繁拿出来议论了，尽管从极限测试上看 PSA 车系的极限性能依然很优秀。可能是 PSA 总宣称自己的悬架多神奇，才吸引了太多"水军"的火力吧。

也有较真的人会站出来说，很少有真正的全独立悬架，市面上所谓独立悬架的车基本也都有扭力杆的存在，扭力杆的作用虽然不大但却和扭力梁有类似的效果。这的确有些道理，但有点过于较真了，我们还是遵守传统的划分。

18.2 难以回避悬架话题的那些车

抽象地讲悬架优劣实在太枯燥，我们还是结合几款具体车型来聊聊它们背后的故事。

首先，还是接着前面没有结束的话题，大众的紧凑型车，在后悬架上闹出了不少话题。第四代高尔夫采用非独立悬架，国产的第四代捷达（就是宝来）也是非独立悬架，这都很正常。后来，到了第五代车型，就是国产的速腾，大众升级到了多连杆的后悬架，从技术配置上，全面碾压了其他品牌的紧凑型车，舒适性上也的确堪称标杆。

▲ 大众的第五代高尔夫系列，也是国产的第一代速腾，就全面采用了独立式后悬架

▲ 普通高尔夫采用非独立悬架，GTI 或者更高性能车型使用独立悬架，你赞成这种做法吗？

可是，大众在一路炫耀自己激光焊接、独立悬架之后，却又不惜自己打脸，到了第六代速腾和第七代高尔夫身上，又降级用回了扭转梁非独立悬架。第六代速腾还出现了后悬架"断轴"的召回事件，到了后面的中期改款只好又换回独立悬架。可第七代高尔夫和海外已经发布的第七代捷达，依然是以非独立悬架为主。但如果它真的就是非独立也就罢了，它们的性能车型（比如高尔夫 GTI、捷达 GLI）却又使用独立悬架

买独立悬架还是非独立悬架　Q18

的方案。

关键是，采用了非独立悬架的普通版车型，价位也并没有明显降低，把节约出的成本回馈给用户。这其实已经很明白了，采用非独立悬架就是为了减少成本，但为了保证性能取向的车型不至于太"软脚蟹"，还是得用上独立悬架。

大众后悬架的故事是频繁换脸，而 PSA 的紧凑型车的非独立后悬架却是总也不变，从富康到赛纳再到如今的世嘉和 C4L，从标致的 307 到 407 到 408。本来这也不是什么问题，丰田的卡罗拉不也一直是非独立后悬架吗？可法系车却整天宣传自己是底盘大师，国人根本不关心你的极限性能到底怎么样，只需要拿出来比较谁更高级，PSA 这不是自讨没趣吗？

▲ 标致这款 RCZ 本来还是很吸引眼球的，但后悬架依然是扭转梁非独立悬架，让它很"没性价比"

豪华车一定会用高级的独立悬架吗？也不一定，这不，奔驰新 A 级长轴距三厢版就使用了非独立悬架。这没什么可说的，奔驰有强大的话语权，更重要的是几乎为中国市场定制的长轴距奔驰 A 级三厢版，绚丽的外观和内饰已经足够支撑它的吸引力，奔驰可能认为没有必要再使用独立悬架了吧。

▲ 奔驰 A 级长轴距三厢版几乎为中国市场定制，后轴的非独立悬架会不会成为它的短板呢？

▲ 虽然我也觉得后轴采用非独立悬架太寒酸，可这样的内饰档次感确实让人欲罢不能，尽管这个配置的车型价位提升到了将近 27 万元

18.3 总结：悬架作为考量点让人欣慰

前面说了不少独立悬架和非独立悬架的"猫腻"，但小左和小右把悬架作为选车的一个依据还是值得鼓励的。这比任何舒适性配置都重要，因为汽车的底盘悬架就像一个人的"腿脚"，是塑造汽车性格的最基础元素。

从上面的讨论，我们知道了独立和非独立的区别，真正要凭借短暂的试驾试乘就体会其中的区别还是比较难的，如果你有稍微长时间的相处机会，要体会此中区别还是不难的。这里我更想强调的是，只简单地凭借独立或非独立就把车辆区分出三六九等自然不靠谱，但类似调校水准的厂家打造出的独立悬架强于非独立悬架是合理的。

另外，厂家对于肉眼很难看到的悬架的态度作为考量厂家是否有良心的依据也有道理，但只凭肉眼判断悬架的材质，就判断车辆好不好也是无稽之谈。然而，如果有些车的确原本设计或海外原装版本就是铝合金材质，但后来改成了铸铁材质，这就难免有减配的嫌疑。

最后稍微补充一点改装话题。整车厂的核心竞争力，也是自主品牌最难迅速跟上的难点有两个方面，其一是发动机和变速器组成的动力系统，另外就是汽车底盘和悬架

▲ 专业比赛车型的减振器，也不是在比拼谁的档次高，而在于针对路况和车手习惯的调校

▲ 如果没有专业的改装，还是换套好轮胎好轮圈来得实在

买独立悬架还是非独立悬架　　Q18

的综合调校。同样的悬架结构，有的品牌就能提供出更有特点的底盘表现，这就是整车厂多年经验积累的体现。

如果你想把一辆车的底盘改装得更好，就要考虑改装店是不是真的有这样的水准。至少在改装之前，先要明确你的驾驶风格是什么样、你希望的底盘表现是什么样，这些都搞不明白，改装根本就无从谈起。就像把音响弄得像地震一样就是好音响吗？换装更贵的针对原车的减振器，就是你能做的最有性价比的改装，毕竟这些减振器还是针对原车研发的。

问题19：买安全气囊还是ESP

小左："安全对我最重要，我要买最安全的车。"

小右："没有最安全的车，比如膝部气囊很多车就没有，比如ESP也有很多车没有，你不可能都配全。"

小右说的没错，人们口头上重视安全，但实际未必。而且，人们对汽车安全的了解也少得可怜。这一章，我们关注安全。

19.1 汽车安全——你以为你以为的就是你以为的吗？

汽车领域，人们经常误解的一件事就是，虽然人们总觉得安全对自己最重要，但在真正做出选择的时候，却经常会把舒适性放在第一位。这就像那句著名的话："你以为你以为的就是你以为的吗？"

举个最简单的例子就是轮胎，最安全的、抓地最好的轮胎，噪声很可能比较大，你真正去买轮胎的时候，很有可能你最终会选择最静音的，而非抓地力最好的。你当然可以这样为自己的妥协找借口：我慢一点就能保证安全，但噪声是自己控制不了的。

汽车的安全也一样，你以为自己最重视安全，但实际左右你决策的往往是各种舒适性装备，或者能不能打折便宜点钱。因此，我们这里还是多聊聊汽车的安全，让你不要在最关键的安全上妥协就可以了。

汽车安全大体分为两类：主动安全和被动安全。

简单理解，主动安全就是让你主动避免危险，比如早就成为标配的ABS，现在基本普及的ESP系统，以及现在越来越多的智能驾驶辅助系统，比如前部碰撞辅助、盲区警示、变道辅助系统等。被动安全，是在碰撞不可避免的情况下最大程度保证乘员安全，这就包括车身结构设计的合理性，以及安全带、安全气囊等装备了。

主动安全和被动安全，是汽车安全的两个部分，各自负责各自的工

买安全气囊还是ESP Q19

作,不能说谁更重要谁不重要。

19.2 ABS 和 ESP 到底是什么?

ABS(Anti-lock Brake System)估计不少人有大概的了解,但具体功能不一定能说明白。没有 ABS 时,大力制动会让前轮抱死,直接后果就是失去转向能力。好理解吧,前轮完全不转了,你怎么打方向轮胎都只会继续向前滑。ABS 的引入,就是让你在全力制动轮胎抱死时,短暂地释放制动力恢复车轮转动,这样就能保持汽车的转向能力,虽然只是一点点,就有可能让你避开致命的碰撞。

至于 ABS 是不是能缩短制动距离,在柏油路上无疑是肯定的,但在雪地或者砂石路上,这仍是有争议的。对绝大部分普通车主,驾驶具有 ABS 的汽车遇到紧急情况时的正确操作就是:把制动踏板死死踩住不放,同时有选择性地打方向避让。

再说 ESP。很多人都知道 ESP(Electronic Stability Program)能让车辆更稳定,听起来就比 ABS 更"高级"。粗略理解它们的区别,ABS 是在你大力制动时防止抱死的,它检测到有车轮抱死时通过电子系

▲ 这幅图片非常清晰地展示了 ABS 的作用,注意看深色车的前轮一直处于右转的状态,但从制动痕迹看汽车几乎完全没有转弯动作,而带有 ABS 标识的车,在制动的同时成功转向避过了障碍物

统释放制动力而实现;而 ESP 在你并没有踩制动时,电子系统就时刻判断车辆状态,并在必要时"偷偷"对某个轮子进行主动制动。

比如,如果入弯过快,ESP 会偷偷对内侧车轮轻微制动,并被动地或主动地把更多动力传递给外侧车轮,帮助车辆转弯。如果你还能看懂,我可以进一步解释一下"被动"和"主动":被动是内侧车轮被制动时根据差速器原理动力就会更多传递给外侧轮,主动则是某些高端车型通过配置的电子控制系统,主动把转矩更多分配给外侧车轮。

就依靠这样的机制，ESP 能让车辆更稳定，可以辅助过弯，也可以辅助防止车辆打转。但根据 ESP 原理，它能起的作用也在一定限度之内，如果对一侧车轮的轻微制动不能防止车辆失控，那么 ESP 也就帮不了你了。

▲ ESP 帮助过弯的示意图，右转急弯时，ESP 系统主动对内侧前轮进行轻微制动，根据差速器的原理就会有更多动力传递给外侧前轮，这就相当于为车辆前部施加了向右的转动力以帮助过弯

19.3　主动安全：ESP 只是辅助驾驶的一小部分

　　主动安全就是能够让你在驾驶过程中主动避免事故。如今智能驾驶的技术在突飞猛进地发展，虽然到完全不需要人介入的 5 级智能驾驶还有距离，但在辅助安全方面的技术已经非常全面了。

　　可以说，主动安全技术可以把一辆车的前后左右都设置满传感器。前部碰撞辅助是最重要的部分，防碰撞主动制动基本已经是奔驰全系车型的标配了。自适应巡航系统（Adaptive Cruise Control，ACC），就是在传统的定速巡航的基础上，能够随着前面的路况自动调整速度。这个功能将会很快成为大多数车型的标配，并且可激活速度也在覆盖更大的区域，比如从 0-120 千米 / 时全速度段覆盖。自适应巡航是个非常方便的功能，但很多车主还不适应。

买安全气囊还是ESP Q19

侧面的盲区提醒系统，通过后视镜上的灯光或者座椅、方向盘的振动来提醒车主避免侧面碰撞。

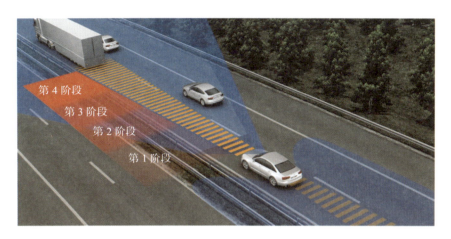

▲ 这是奥迪前部碰撞辅助系统的动作示意图，在第1阶段会通过声音和灯光对驾驶者做出提醒并且提前建立液压辅助制动系统的油压；第2阶段会对安全带预紧并施加大概30%的制动力度；如果驾驶者还没有反应会进入第3阶段，制动力度加大到50%，关闭天窗和车窗并通过危险警示灯提醒驾驶者；第4阶段，如果驾驶者还没反应，可能碰撞难以避免了，施加最大力度的制动，并拉紧安全带

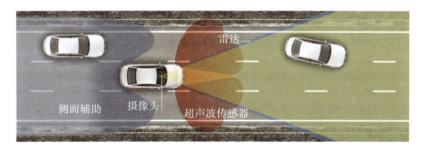

▲ 自适应巡航系统的传感器示意图，前方既有对近距离更宽区域的传感器，又有探测远距离物体的传感器

尾部的安全，也不只是以往的倒车雷达和影像系统了，如今很多车有倒车辅助制动系统，从车位倒车出来时如果两侧的盲区有来车，能够主动制动。

再说一个知识点，现在很多所谓的无人驾驶其实是个不太严格的概念，因为现在还没有达到真正"无人"上路的程度（从技术上，智能驾驶已经很先进了，但应对各种复杂的路况还有很长的路要走，比如标线混乱的问题；另外还有就是相应法规的问题）。严格地说，应该称为智能驾驶或自动驾驶，这方面国际通用的分级有 0~5 级，0 级是没有任何辅助的，你可以把 ABS 这样的系统理解为 1 级辅助，自适应巡航属于 2 级自动驾驶范畴，3 级就允许驾驶者不去控制汽车并且视线离开路面，因此从 2 级自动驾驶到 3 级自动驾驶是个质变的门槛。4 级自动驾驶就能实现绝大部分路面完全不需要驾驶者的参与，但仍可能有极端路况或天气下需要人的参与，而 5 级自动驾驶就是在任何情况下都不需要人类参与了。

有了上面的定义，你可以了解到，特斯拉这样的厂商，率先把 3 级自动驾驶开放给用户，虽然极端情况下仍然有可能遇到问题。传统厂商经过了多年的训练，把汽车安全的问题看得更加谨慎，技术释放更加保守，绝大部分只限制在 2 级辅助的层面。我要表达的重点是，主动驾驶早就远远不止限于 ABS 和 ESP 的层面了，而是一个综合的系统，从灯光到传感器预

▲ 如果只是在后视镜上显示盲区有车，一般称为盲区提醒；如果能够主动在方向盘上施加力度避免你并线发生碰撞，一般称为盲区辅助系统

▲ 激进的 IT 理念遇到保守的汽车理念，必然引起剧烈的碰撞，特斯拉对待智能驾驶技术的态度虽然有待检验，但它已经刺激到了传统汽车厂商却是不可否认的

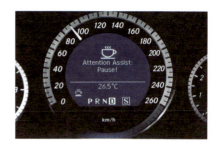

▲ 防止你发生碰撞的，都可以归到主动安全，比如能判断你是否疲劳驾驶的注意力辅助系统，现在不少品牌都有了这种疲劳监测系统，比如宝马、大众等

买安全气囊还是ESP Q19

警,从主动制动到主动转向等。

这里说了这么多先进的主动安全技术,但还是要提醒你一点残酷的现实:ESP还仍然不是国家的强制标准,也就是说,还有一些廉价车并没有配置ESP。我的建议当然是尽可能选择有ESP的车型,虽然可能很多年你都体验不到它发挥一次作用。

这里讨论的主动安全系统,基本都是和驾驶有关的内容,其实主动安全系统还包括很多,比如灯光系统能让你更早发现危险,但我们将在下一个话题专门讨论灯光。

19.4 被动安全:安全带和安全气囊远非全部

说到被动安全的部分我感到有些无奈,太多人至今都不系安全带,那所有的被动安全都形同虚设,什么车身强度的设计,什么安全气囊,都没用。

车身结构的设计是被动安全的基础。我们前面也说过,汽车不是越重越好,汽车结构的设计也不是越坚硬越好。好的汽车结构设计就是:该硬则硬,该软则软。现代汽车结构设计上,基本上都采用了类似的思路,把乘员舱做得更坚硬,向外依次强度减弱,并设计特定的溃缩路线。

▲ 现代化的汽车结构设计,材料的强度以乘员舱周围最大,其中强度最大的紫色热成型钢构造了乘员舱,乘员舱外部基本上是灰色的冷成型钢,车头车尾防撞梁是铝材料,强度从乘员舱向外逐渐减小,遇到碰撞时最外部吸能溃缩,而乘员舱最大程度地保持完整

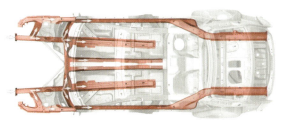

▲ 这辆奥迪 A4 的车身结构在设计时就已经预先规划了前部碰撞时负荷传递的路线，一部分传递到最外侧的纵梁，一部分传递到中部纵梁，一部分传递到乘员舱的前部横梁

▲ 成熟的车身结构设计，也要考虑到侧面撞击时乘员舱的保护，哪怕图中这辆敞篷车，乘员舱顶部并非封闭结构，更需要有周密的碰撞传递路线设计

说到汽车安全的话题，不可避免聊到汽车碰撞。尽管汽车碰撞对汽车厂家类似"开卷考试"，但它仍然是检验车辆安全的最靠谱指标。全球有不同的碰撞检测机构，欧洲有 Euro-NCAP（New Car Assessment Program），中国有 C-NCAP，美国有 IIHS（Insurance Institute for Highway Safety），其中美国的 IIHS 协会是美国公路安全保险协会，更具有第三方的背景，碰撞更苛刻，结果更可信。

比如，IIHS 为了模拟更真实的事故，在常规的中度重叠面积碰撞的基础上，引入了小重叠面积（40% 的重叠面积）的碰撞，竟然还引入了右侧小重叠面积（25% 重叠面积）碰撞。即便如此还不满意，为了检测是不是有车厂专门应对驾驶侧的碰撞而单独加强结构，IIHS 又引入了前排乘员侧小重叠面积的碰撞，刚引入时，一大批以往测试成绩很好

买安全气囊还是ESP　Q19

的车型纷纷暴露出问题。近些年，IIHS 又引入了汽车灯光的检测，大家不妨去网站查询一下相关车型做参考，虽然美版车型和国内车型有一定区别，但作为参考还是有很大价值的。

除了车身结构外，车内保护你的就是安全带和安全气囊了。你可能知道安全带是沃尔沃最先发明的，其实严格来说，沃尔沃的工程师尼尔斯·博林，利用自己航空安全和弹射座椅的专业背景，第一个发明了三点式安全带。1959 年，第一辆配备三点式安全带的沃尔沃 PV544 面世。更关键的是，沃尔沃慷慨地把自己的三点式安全带专利无偿开放给其他汽车厂商，这才是最该让人记住的。

▲ 沃尔沃 PV544，第一款采用了三点式安全带的车型

少部分车主不系安全带的陋习，简直用"愚昧"都不足以来形容，买车时攀比的是安全气囊的数量，可开车乘车时却根本不系安全带。要知道，安全带才是在碰撞、翻车事故中能起最大保护作用的东西。早在 1967 年，沃尔沃发布的报告就说明了安全带能够降低 50%~60% 的事故受伤概率，而且不要以为气囊能保护你，安全带是气囊发挥作用的前提，否则气囊可能只会让你更受伤。

你一定要记住的一点是，气囊只是安全带的辅助装置。前部碰撞时，安全带把你的躯干束缚在原位，你的头部仍然可能向前冲，气囊在适当的时机先打开迎接你的头部，才能保护你。气囊转瞬之间打开的过程本来就是一个小炸弹炸开的过程，如果没有安全带把你的身体束缚在座位上，你的头部直接冲向仍处于速度大概是 300 千米/时的正在炸开气囊上，效果怎么样就很难说了。

你可以看到很多 WRC 或其他拉力赛的赛车，它们没有安全气囊，保护它们的基本就是高强度的防滚架和安全带，防滚架确保车内空间，安全带确保人保持在座椅里。你看看赛车事故就能明白安全带的作用有多大了，而且赛车的安全带是五点式或六点式，最关键的是这种安全带紧固之后是完全不能活动的，因此能提供更全面的保护。

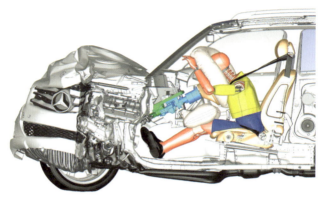

▲ 汽车的安全是一个系统工程，被动安全也是如此，在安全带的基础上，通过安全气囊的辅助，车身结构的吸能设计，溃缩式转向柱和膝部气囊等一系列技术的协作来最大程度保证乘员安全

▲ 1951年，被誉为汽车被动安全之父的贝拉·巴恩伊首次提出安全车身结构的专利申请，通过溃缩吸能最大程度降低车内乘员的伤害

▲ 安全气囊是安全带的辅助装置，安全带把躯干固定在座椅附近，安全气囊"承托"向前运动的头部，如果没有安全带对躯干的限制，安全气囊反而可能造成更大伤害

买安全气囊还是ESP Q19

▲ 这款代号 W211 的奔驰 E 级,在检测到碰撞难以避免时会做好碰撞准备,包括拉紧安全带、调整座椅位置、关闭车窗天窗等

▲ 奥迪 A8L 的气囊有多少个就不太好数了

▶ 这款 A6 具有典型的气囊配置,包括前排正面气囊、前后排侧气囊、贯穿前后的侧气帘,如果再有膝部气囊就接近完美了

▲ 雷克萨斯的 CT200h 尽管属于入门级车型，但还带有膝部气囊

▲ 现在有些豪华车型甚至配备了安全带气囊，减轻安全带勒紧时对身体的伤害

19.5　总结：ESP 重要，安全带也重要

　　虽然现在还远没有进入真正的"无人"驾驶状态，但你真觉得汽车完全是你在开吗？即便你不打开自适应巡航，但加速时有牵引力控制，减速时有 ABS，转弯时有主动转向，主动安全的技术几乎无时无刻不在帮助你控制车辆。如今 ESP 仍不是强制安装的配置，因此强烈建议你选择具有 ESP 的车型。

　　为了应对意料之外的碰撞，被动安全也一直处于"待机"状态。但如果你连安全带都不系，什么配置都救不了你，气囊甚至就是炸弹。

问题20：买卤素车灯还是高科技车灯

小左："如果不贵很多，谁都想买配了氙灯或者更亮车灯的车呀，要是贵很多，在城市里卤素灯也凑合用，反正到处都有路灯。"

小右："卤素灯看着就让人昏昏欲睡，最起码得氙灯起步，才显得够档次。"

没错，汽车车灯的确是高科技的一个体现，甚至奥迪被称为"灯厂"。也不知道一个整车厂被称为灯厂，算是夸奖还是贬低。

20.1 车灯发展简史

如果把汽车比拟成人，车灯就像人的眼睛，眼睛亮不亮就能看出来一辆车是不是够帅够精神。

汽车车灯的历史和汽车一样，也经历了各个阶段。这方面奔驰有发言权，我们可以参考奔驰自己的车灯发展图，从最早的蜡烛灯到乙炔灯再到灯泡再到氙气灯再到 LED 灯再到具有多个 LED 光源的智能矩阵式灯光系统。

20.2 氙灯、LED 灯、激光车灯

今天，卤素灯仍然是最传统的灯光，所有其他灯光相对卤素灯都算得上高科技灯光，我们一一浏览。

卤素灯其实就是我们普通的灯泡的概念，里面靠灯丝点亮，只不过为了延长寿命填充了卤素气体。随着汽车的速度越来越高，在没有外部照明的野外，卤素灯的确显得亮度差强人意，但卤素灯成本低，更换简便，让它仍然有着巨大的市场。

当然，简单地提升卤素灯亮度的方式，就是更换亮度更高的卤素灯泡，而且你也可以通过更换不同色温的灯泡快速改变灯光的特性。我自己就很喜欢色温只有 2600 开的黄色灯光，但要注意的是不要轻易更换大功率灯泡来提高亮度，以免引起线路和灯罩过热。

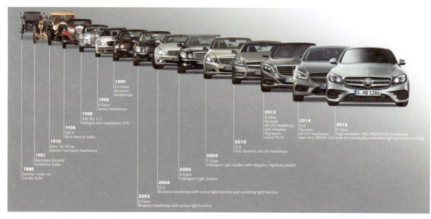

奔驰的灯光发展史

1886 年：戴姆勒汽车 / 灯罩内点蜡烛

1901 年：梅赛德斯 Simplex / 乙炔灯

1915 年：奔驰 18/45hp / 电子近光灯

1934 年：500K / 远近光灯泡

1968 年：300 SEL 6.3 / 双卤素灯（H3）

1995 年：E 级 / 氙气灯

1999 年：CL 级 / 双氙气灯

2003 年：E 级 / 带主动照明功能的双氙气灯

2004 年：CLS / 带主动照明和弯道照明功能的双氙气灯

2006 年：E 级 / 智能灯光系统

2009 年：E 级 / 带有自适应远光的智能灯光系统

2010 年：CLS / 首款动态全 LED 灯

2013 年：S 级 / 带主动远光的动态全 LED 灯

2014 年：CLS / 多光束的动态全 LED 灯

2016 年：E 级 / 具有 84 个独立控制高性能 LED 的高分辨率多光束 LED 灯

▲ 卤素灯的好处就是便宜，修理方便，更换灯泡还可以快速改换灯光的风格

买卤素车灯还是高科技车灯　Q20

▲ 如果所有人都在追求白光的时候，你的车是黄光不更是一种个性吗？

为了改善卤素灯的亮度，氙灯就慢慢开始普及，它更节省电力（大概卤素灯的一半功率）的同时还有更高的亮度（大概 2 倍的亮度）。但氙灯需要有特定的透镜来配合才能形成需要的光形，否则不但照不亮前面的路，还会直接刺激对面人的眼睛。

卤素车灯通常只能照到 100 米左右，氙气车灯就能照到将近 200 米，可当人们觉得氙气车灯还不够亮的时候，LED 灯又出现了，它能照射到 300 米左右。没错，激光车灯照得更远，能到 600 米。

LED 灯的优点不只是亮，它的功耗更小，而且更关键的是它的体积非常小，汽车厂商可以把汽车前照灯做出各种更细小的造型，这在以前是很难实现的。而且，如今的灯厂还可以利用多个 LED 光源形成不同的照射角度，奥迪称之为矩阵式 LED 车灯。

▲ 代号 W211 的奔驰 E 级的氙气车灯

▲ 全 LED 车灯可以在很小的体积下实现，厂家可以设计更为纤细的前照灯造型

日间行车灯

转向信号灯

近光灯

主光束

全光束

▲ 奥迪 A6 的矩阵式 LED 前照灯的各种不同点亮效果

激光的特点就是聚光性好,不会发散,这是优点也是缺点,因此激光车灯通常配合 LED 灯光使用来发挥它照射远的优势。因为它亮度太高,通常不达到特定的车速是不允许点亮的,在美国甚至规定激光车灯根本就是不合法的。因此,国内能见到的使用激光车灯的,也就是奥迪 R8、宝马 7 系等不多的几款车。

▲ 奥迪 R8 是最新尝试激光车灯的车型之一

买卤素车灯还是高科技车灯　　Q20

▲ R8 的激光车灯在车速超过 60 千米/时后才会点亮，配合 LED 灯光发挥照射远、聚度高的特点

20.3　车灯的智能远不只照得远这么简单

车灯的科技含量，远不只照得更远，更是要"智能"化。利用 LED 灯光技术，汽车前照灯可以做越来越多的事情。

人们最先实现的是随动转向的辅助照明，或者通过开启侧面的雾灯，或者前照灯本身能够转动。甚至有些车还可以根据 GPS 定位预测前方的弯路来辅助照明。

智能灯光的基础功能是自动远光，很多豪华车在自动灯光模式下都可以根据车速来控制自动远近光，并自动设定远光的照射距离。更高级一点的，车辆遇到颠簸时还能实时保持前照灯照射的高度不变。

除此之外，有了 LED 对光束的控制，人们开始让车灯不去照射对面的人或车。

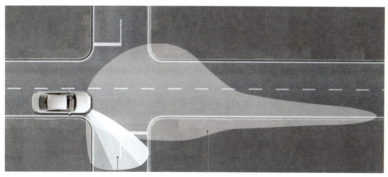

▲ 典型的随动转向辅助照明，前照灯或者随着方向的转动而转动，或者点亮一侧的雾灯来照明

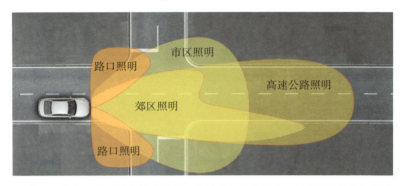

▲ 基于导航和定位系统的辅助照明，能够预知前方的路口并且提前把两侧的岔路照亮

▲ 很多人不知道如何激活智能灯光的功能，其实如果你的车具有智能灯光的功能，只要你放在 AUTO 模式上，它就会发挥出各种智能功能

▲ 奔驰新 E 级上最新的 LED 车灯，由单独控制的 84 个 LED 光源组成

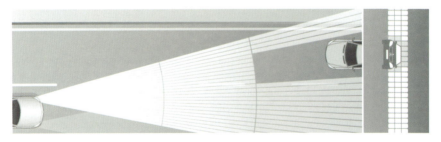

▲ 84 个单独控制的 LED 光源，可以对前面形成定制化的照射，照亮该亮的地方，不照射不该照的地方

买卤素车灯还是高科技车灯 Q20

▲ 仔细观察，这辆奔驰车前面两个人的头部位于车灯照射范围之外，不会受到车灯的直接光线照射

▲ 而奔驰对 LED 车灯的玩法更热衷于渲染各种图案，这为未来的无人驾驶车辆与行人的交互提供了某种可能性

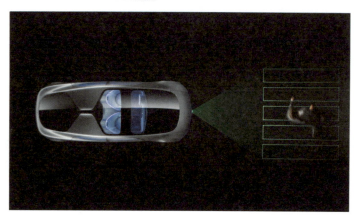

▲ 奔驰设想的未来无人驾驶车辆和行人的交互方式

20.4 总结：有可能当然亮一点好

我一直认为，更亮的车灯能让开车的人心情都好起来，因此，在能承受得起的范围内，选择更亮、更高科技的灯还是值得的。何况，它们还能让你避免事故，别忘了，在上一章我们就提到过，智能的灯光其实也是主动安全的一部分。

问题21：买真皮座椅还是织物座椅

小左："你觉得真皮座椅有用吗？"
小右："当然有用啊，看着就舒服，布座椅太不上档次了。"
小左："那你以前买的车都有真皮座椅？"
小右："没有的话可以去汽配城包真皮啊，很简单。"

追求生活品质的小右，是坚定的真皮座椅拥趸，哪怕是多年前买的老旧二手车，买回来也得先去汽配城包个真皮座椅，哪怕很山寨。

一向"能省则省"的小左，好像也被小右说服了。真皮座椅真的就那么好吗？

21.1 形式大于内容的真皮座椅

有些消费者特别钟爱几个并不那么重要的配置中，其中一定会有真皮座椅和天窗。这和欧洲消费者的观念有特别大的冲突，欧洲人讲求实用，不太在乎外观，因此一辆手动档老款的宝马3系，安装钢轮圈、织物座椅，且没有天窗，是很常见的风景。

从功能性上，真皮座椅真的那么重要吗？未必。开过真皮座椅车型的都会对它"冬凉夏烫"的特性印象深刻，而看起来很掉价的织物座椅却没有这么难受。真皮座椅，不搭配加热和通风的功能，真的很受罪。

真皮座椅的"触感"的确比织物座椅要好，不只是与身体接触时的触感，更是眼光接触时的

▲ 不论材料还是质感，宾利这种超豪华品牌车型的真皮都已经达到了极致，它的确能带给用户巨大的触感愉悦，但这也和普通人有着不小的距离

167

触感。我自己看到真皮座椅时也会有一种内心的莫名喜悦感，可能大家也都有这样的潜意识吧。

▲ 像宝马1系两厢款这样的织物座椅看起来质感也不差，欧洲的很多车型都采用织物座椅，包括在豪华品牌的入门车型上

▲ 比如这款速腾，严谨的做工比织物座椅更重要，我始终觉得这款内饰很经典

这里顺带吐槽一下座椅套。如果你花了不菲的价钱买到了真皮座椅，你是享受真皮座椅带给你的愉悦呢，还是用一个布套把它细心保护起来？我理解你细心呵护它的心情，但你也得想明白，你细心呵护了它几年后车辆被卖掉，那你还买真皮座椅是为了谁呢？

21.2 就算真皮也分三六九等

倒退10年，真皮座椅还不那么少见，但现在，汽车降价这么厉害，你很难在30万元以下的车上见到真皮座椅了，注意是真皮座椅，仿皮的座椅还是不少的。

我们没有必要成为鉴别真皮的专家，但大概的皮革材质还是要了解一点。最低端的是复合皮革，会用二层皮的表面贴上仿真皮纹路的PVC或PU覆膜。当然，具体是什么动物的二层皮，成本和质感上又会有区别，PU膜和PVC膜的质感又不一样。现在不少厂商还是比较靠谱的，在比如座椅材料的配置上会标明为"仿皮"或"皮革"，但大多数厂家还只是标明为"皮"或"真皮"。其实，从价格上就能区分出真正头层皮的真皮，价格10万~20万元的车基本就别想了。

为了减少成本，即使仿皮，很多厂商也舍不得大面积用，织物加皮革的混合是现在很多厂商的方案，甚至还要赋予更加运动的招牌。当然，即便全是皮，椅垫、侧面、靠背的材质可能也是经过了精心选择的。

买真皮座椅还是织物座椅 Q21

▲ 简单的区别真皮和人造革的方法就是价位，经济型车不太可能用上真皮材质，当然这也符合消费者的预期，只要做工过得去也就可以了

▲ 即便仿皮，厂商都舍不得用，现在很多车型的座椅都是仿皮和织物混合使用，视觉上的效果肯定比纯粹的织物还是好一点

21.3　NAPPA 和 Alcantara 是不是最高档的真皮？

不知道从什么时候，NAPPA 皮开始流行起来，好像只有 NAPPA 皮才是好真皮。其实，NAPPA 皮只是一种皮革生产工艺，最早起源于美国，后来韩国在箱包上大量应用，它的主要特征是质感比较柔软，手感比较细腻。NAPPA 真皮只是真皮的一种，它质量优秀，不少豪华车都采用 NAPPA 真皮，但它也绝非世界上工艺最好的真皮。其实不难想象，有着悠久真皮手工艺历史的欧洲大陆上，自然有着不少独特的真皮工艺，有些工艺就会运用到一些超豪华品牌的真皮制作中，甚至连真皮味道都要与众不同。

▲ 雪铁龙旗下的高端品牌 DS 就特别注重材质选择，NAPPA 真皮加上表链式纹路是自己的特色

除了 NAPPA，我们还经常遇到的一个词汇就是 Alcantara，这其实是一个商标，和真皮没什么关系，但因为生产工艺复杂，它的成本并不比真皮低。它有着出色的摩擦力，触感也非常柔软，防火性能也不错，因此经常能在赛车里看到碳纤维和 Alcantara 的组合。家用车里也有很多运动型车要打造更好的摩擦力，不论是座椅还是方向盘，都大量采用这种翻毛仿皮材料，因此它也慢慢成为了运动和个性的代名词。有些车型为了体现自身张扬的个性，也会把 Alcantara 材料和真皮材料搭配在座椅上。

▲ 打孔真皮方向盘有着非常好的手感，是高端车型和运动性车型必备配置

▲ 更讲求运动的车型，Alcantara 材质的方向盘是常见的配置，为了速度，真皮不再重要了

▲ Alcantara 材质现在在座椅上的应用也越来越多，因为它能够提供更好的摩擦力

▲ 出厂就带有防滚架的保时捷 911 GT2 RS 更多是赛车倾向，桶形座椅自然主要采用碳纤维和 Alcantara 的搭配，侧面也采用了一些皮质材料

21.4 总结：不用太较真

本章讨论了真皮的优缺点和分类。织物座椅除了看上去档次不够高之外，是很适合作为汽车座椅材料的，易于打理，不容易磨损，摩擦力好，冬暖夏凉，人机交互感受更好。

如果你要选择档次够高的车型，真皮自然不可少，甚至选配高级的真皮材质才更搭配，但如果只是选择一个用于代步的紧凑型车，乘坐舒适的织物座椅可能并不比用料一般的皮革座椅差。因此我倒觉得不用太较真，真皮仿皮甚至织物无所谓，因为座椅的材质攀比起来可没完没了，车价会扶摇直上。

最后的忠告就是，买了新车别着急加座套，先让自己的屁股享受够了再说。

问题22：买手动座椅还是电动座椅

小左："现在电动座椅也是必需的配置吧。"

小右："那得看你的需求，如果你家几个人会换着开这辆车，电动当然更方便。"

小左："肯定就我一个人开。"

小右："那其实没必要电动，但现在真皮座椅基本都是电动的，而且我感觉电动座椅比手动座椅舒服。"

讨论完织物和真皮的纠结，紧接着又会纠结于手动和电动座椅了。

的确，如果一辆车绝大部分都只是一个人开，可能几年也不会去调节几次，如果你要经常和家人换着开同一辆车，有电动调节的座椅自然方便不少，尤其是带有位置记忆的。可电动座椅比普通座椅舒服，是真的吗？

22.1 汽车座椅是高科技的体现

全球范围内，能为整车厂提供座椅的供应商也没几家，这就是汽车配件的一个典型体现：即便不太起眼的东西，经过全球范围内的优胜劣汰，最终能生存下来的都是融汇了高科技水准和现代工业的成本控制的强者。

比如驾驶人座椅，首先要有足够的坚固性，在各种碰撞中能够尽可能提供保护，此外还要尽可能体积小，给驾驶人留出尽可能大的空间，要有尽可能大的可调节范围，还要有好的人机工程。

有个说法称，汽车座椅是汽车上除了发动机外成本最高的部件，这的确有道理，功能完善的座椅的确成本非常高。显然，电动座椅的成本比手动座椅还要高不少。电动座椅还经常要搭配真皮，往往还要继续加入加热模块，更高级的座椅还要加入通风模块，这就要在不大的座椅内部加入各种必要的部件。如果你第一次看到汽车座椅的解剖图，你可能要感叹远比以往的想象复杂得多。

顺带一句，现在你知道为什么座椅通风比座椅加热更少见了吧，把座椅里塞进很多个风扇的难度，比塞进加热丝的难度又要大不少。

▲ 这样的按钮表示座椅加热功能，配备座椅通风的车就要更高端才行

▲ 宝马3系这种级别的车上都不容易见到座椅通风的配置，座椅加热比较常见

▲ 在宝马5系上座椅通风依旧只是某些车型的选配，到了7系的级别才会成为标配

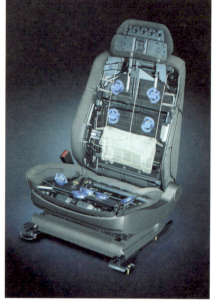

▲ 一款功能完善的驾驶人座椅，可以看到其中诸多通风风扇，还有腰部调节机构，头枕带有追尾主动保护机构

▲ 被追尾瞬间头枕前移去迎接头部，以避免突然间的冲击对颈椎造成巨大伤害，这就是一些高端车型配备的主动头枕的功能，当然有些座椅也配备了机械式的主动头枕功能

买手动座椅还是电动座椅 Q22

对车主来说,很基本的电动调节座椅的判断指标就是电动座椅的可调维度有多少。可调的部位当然是越多越好,不过也是一分钱一分货,基本的调节就是座椅整体的上下前后加靠背的俯仰,更高级的加入腰部前后上下的调节、腿托单独调节、头枕的单独调节等。

▲ 带有侧气囊的前排座椅,其中还有重量传感器,以判断是否有乘客就座

▲ 如果你不需要经常改变座椅位置,手动调节座椅也完全可以接受,而且成本要低不少

▲ 有这样几个调节维度的电动座椅一般要30万元以上级别的车型才会配备,它甚至还有单独的腿托调节

▲ 这款两厢宝马135i的驾驶席座椅有着丰富的调节功能,还带有两组位置记忆模式,关键是很薄的座垫还保持了非常低矮的坐姿,这是运动型车所追求的

▲ 凯迪拉克的不同车钥匙就能存储不同驾驶人的个性设置,包括座椅位置

电动座椅如果能够带有位置记忆功能,才是真正的方便。不同的人上车之后,只要选择自己存储的设置就可以自动调整到位,而且通常都是座椅、方向盘、后视镜联动的。甚至有些车还能把不同的设置存储在不同的车钥匙中,拿着不同车钥匙进入车内就会自动调整到当前钥匙对应的座椅位置上。

▲ 豪华型轿车后排座椅的舒适性是一个重要的考察标准,这款凯迪拉克的 CT6 后排座椅配备了电动调节功能

▲ A8L 的 W12 车型是奥迪的旗舰车型,看它为后排乘客提供的最高端座椅,通风加热和电动调节是基础功能,门板上有躺姿和坐姿调节以及记忆设置,还有专门的脚托和独立设置的空调

22.2 如何正确调节坐姿?

不论手动座椅还是电动座椅,关键问题是要会调节正确的驾驶坐姿。

正确坐姿的基本原则是,在极限情况下仍能保持胳膊和腿的稍微弯曲状态。别觉得这容易,很多人并不知道正确的调节顺序。

首先要调节座椅高度,因为很多座椅的高度调节和前后是联动的。如果你开车不够熟练,可以把坐姿调高一点,头部距离车顶一拳的距离就可以了。

接下来,再调节前后位置,后腰一定要顶住靠背,以脚踩制动踏

▲ 胳膊和腿保持轻微的弯曲有利于发力和控制,距离太近和太远在激烈驾驶时都会出现问题,或者说,激烈驾驶时如果自己的驾驶水平跟不上你会觉得距离怎么调都不合适

买手动座椅还是电动座椅　Q22

板或加速踏板到底后能保证膝部仍有一定的弯曲为准。

再之后把靠背调整到舒适的位置，如果是手动档车型，你还要尝试一下是不是能够轻松挂入最高的档位，因为的确有些车的变速杆设计不那么合理。然后调节方向盘，伸直胳膊调整方向盘的前后位置，让方向盘的上沿正好位于手腕的位置，调整结束。

22.3　怎么还没淘汰转轮式靠背调节？

还有些人觉得电动座椅更安全，从碰撞的角度上，这基本上没什么根据。但很多人讨厌的转轮式靠背调节，其实是出于安全考虑的。

不少人抱怨用手一下一下拧转轮来调节靠背太过麻烦，尤其是如

▲ 赛车座椅至多只有很小幅度的前后调节，有人问为什么家用车不用更安全的赛车安全带，很简单，赛车安全带系紧后就没有活动的余量，这和家用车三点式安全带是完全不一样的，你希望每次过收费站都要花好几分钟才能取卡吗？

▲ 这款第四代高尔夫靠背的俯仰就是靠旋钮来调节，要把靠背完全放平恐怕得多费一些力气，注意到设计师还为座椅设计了隐藏式储物空间，怎么会不知道转轮调节的费力？自然是设计师认为有必要采用这种成本更高的结构

▲ 拉杆式俯仰调节方式也很常见，拉住调节杆就可以自由移动靠背，使用起来更方便，但靠背也容易猛地向前折叠造成危险隐患

果你想把座椅放平得拧好一段时间。欧系车曾经很多都采用这种设计，说它是为了安全，是为了防止靠背突然前翻挤压到前面的小朋友，而且可能它的成本比拉杆调节的方式还要高，只能说是设计理念不同吧。

22.4 总结：如果不需要，再高级也没用

这部分的建议很简单：如果经常一个人开车，手动座椅也没什么不妥；如果不需要经常调节，买了电动调节座椅也没什么用处。

但我们也聊了座椅调节和通风加热的小知识，也纠正一些偏见，希望对你的选车有帮助。

问题23：买手动空调还是自动空调

小左："虽然我觉得手动空调完全没问题，但这年头手动空调的车也不多了吧。"

小右："是啊，越是自主品牌配置越高，除非你买合资品牌的低端入门车。"

小左："自动空调只是有个具体温度设置和一个AUTO功能，我也不知道自动空调还有什么特别的。"

小右："我使用自动空调还是会手动调节，也不完全让它自动运行，绝大部分时候风都太大了。"

现在消费者特地去买手动空调的中档车恐怕都有点难了，但关于自动空调怎么使用，还是要多了解一些。

23.1 自动空调能方便多少？

都说科技是第一生产力，推动科技发展的有时候就是人们总想更"懒"的需求。

▲ 1983年款的第二代高尔夫，其实就是国产老捷达的同平台车型，那时候的手动空调还是拨杆式，虽然整个中控台看上去很简陋，但仍有着浓浓的机械质感，估计也会勾起不少人的回忆

自动空调也是如此，但自动空调带来的便利，远不只是节省你去操作几下旋钮按键这么简单，而是尽可能减少分散你的注意力，更重要的是你可能根本不知道该如何设置手动空调，自动空调让你不至于在高速驾驶的时候手忙脚乱。

自动空调的直接标志，就是空调系统里有一个AUTO按钮。按下按钮，设定自己希望的车内温度，剩下的事情就都交给汽车完成了。

但的确像小右所说，很多情况下，自动空调也要你去额外设置，毕竟汽车不知道你的需求，比如何时该使用内循环，何时该使用外循环。

对大多数车主来说，自动空调的好处是，你不必总是去关心如何给前风窗玻璃除雾了。以前，大家都使用手动空调的时候，还经常争论冬天车内玻璃起雾了怎么办，这的确是很影响行车安全的事情，如今有了自动空调，它已经设定了自动程序，只要你按下前风窗玻璃除雾按键，它会自动完成以下工作：风力吹到最大、打开 A/C 开关、风向吹向前风窗玻璃，只需几秒钟就会把雾处理干净。

不论冬天还是夏天，前风窗玻璃起雾的直接原因都是车内湿气太重，空调打开不是要给车里降温而是除湿。如果你还在使用手动空调，记住这个原理很重要；如果你用自动空调就不需要自己费心了。

▲ 这是一款比较早期的雅力士车型配备的手动空调，空调系统绝大部分都是三旋钮的样式，一个调节温度高低，一个调节风速，一个调节风向

▲ 这款车外表仍然保持着传统手动空调的布局，但它有 AUTO 按键，并且上面有两个小小的液晶屏可以显示两侧空调的温度设置，因此是一款自动空调，并且是左右温度可以单独设置的分区空调，有意思的是这款空调没有通常的 A/C 开关，你说不读说明书怎么能行呢？

23.2　自动空调不自动

自动空调有自己的一套运行逻辑，比如你刚刚进入车内，设定温度后它往往会"玩儿了命"地猛吹，因为它想要尽快达到你设定的温度，但你往往难以忍受最大风量带来的噪声。所以，大多数人在设定了温度之后还会自己设定风量、风向，其实和手动空调差别也不大了。

一个有意思的现象就是，虽说是自动空调，按钮的数量可能比手动空调更多。原因很简单，自动空调其实没那么自动，它只是把不同的功

买手动空调还是自动空调　Q23

能通过单独的按钮提供出来了。比如风窗除雾,你现在只需要按一个按钮,空调自己去调节那些复杂的设置;如果是手动空调,就要你去手动组合这些设置。甚至,有些自动空调还专门提供最大风量按钮。

因此,你需要了解自动空调每个按键的确切功能,才能真正发挥它的自动功能。

大部分经济型车的自动空调,不能帮你判断外界空气的质量,因此当需要开启内循环来隔绝外界的恶劣空气的时候,你需要自己开启,比如进入拥堵的隧道。也有一部分豪华品牌的车型,可以根据外界空气质量自动开启内循环,只要你把内循环的档位设定在"A"上。

▲ 即使这款自动空调按键已经算很少的了,却也没有比手动空调的操作部件少

▲ 这款车的内循环有两个档位,自动模式"A"能够自动开启和关闭内循环模式,切换到"M"模式则需要手动强制内循环

▲ 有些并不高端的车型上也配备了自动内循环模式,你要了解自己车型的功能并善加利用,这就是PSA某款车型的自动空调

说到外界空气质量,这里再提供一个非常有用的信息,就是绝大部分汽车本身具有非常强大的空气过滤系统,就是空调滤芯。它的过滤效率远非一个小小的车内净化器可比,但关键是你要给车辆安装一个很好的滤芯,比如选择国际大品牌的滤芯,并且选择有活性碳甚至能杀灭过滤过敏原的滤芯。如今不少新车都声称带有空气过滤的功能,其实就是采用了能够过滤PM2.5的空调滤芯。

这里我们不过多讨论你该选哪些空调滤芯,但必须提醒一下,有些廉价小车的确出厂就没有配备空调滤芯,尽管可能风道上有安装滤芯的位置,如果是这样最好自己买空调滤芯加装一下,否则你开车在路上完

179

全就是个"吸尘器"。另外,绝大部分原厂滤芯的过滤效果都差强人意,因为传统上空调滤芯要过滤的只是直径比较大的颗粒物,而不是 PM2.5 这种小颗粒。

微粒过滤层
活性炭层
防过敏层

▲ 绝大部分车型都有空调滤芯,它设置在风道上,空调系统的流动空气要经过它的过滤,加上汽车空调系统的巨大通风量,这个过滤系统应对雾霾是很有效的,只是原车的滤芯能过滤多大的颗粒是不一样的

在选车的时候,只了解是自动空调还是手动空调还太初级了。比如同样是自动空调,它是单区的还是双区或三区?后排乘客有没有出风口?甚至有些7座车的C柱或者车顶上有针对第三排的出风口。最近还流行起了前排贯穿式出风口的设计,目的也是要让出风更均匀。至于有些车,本身的出风口也带有把风打散的功能,以前还有车的前排出风口带有左右扫风模式。

▲ 有些双区空调还可以分别设置两个分区各自的风力、风向,这样一来按键就更多了

买手动空调还是自动空调 Q23

▲ 这款自动空调是三区空调,前排左右分为两个区,后排一个区,每个区可以设置不同的温度

▲ 贯穿式的出风口,目的是提供更大的出风面积,让风更均匀

再补充个小知识,现在还有不少汽车的自动空调系统上面有 REST 按钮,它是冬天在车辆熄火以后能够继续利用发动机的余温为车内加热的,也算是一个小惊喜吧。

▲ 有些车在前排座椅下面设置了针对第二排的出风口

▲ 这款车的空调带有 REST 按钮,熄火后能继续利用发动机的余温为车内提供热风一段时间

23.3　总结:只是自动还不够

通过上面的讨论,选择手动空调还是自动空调并不是个让人纠结的问题,如果能有自动空调当然还是自动空调更方便了。

但你也该了解这款自动空调的细节问题,比如是否分区,比如有没有后排出风口等。要提醒的是,即便自动空调你也要了解每个按键的确切作用,如果你连空调压缩机开关(大多数车型上的 A/C 按键)都找不到,就只能处于真正的"傻瓜"模式了。

问题24：买全景天窗还是普通天窗

小左："我要买车肯定得带天窗，车小一点儿没关系，抬头能看见天才爽啊。"

小右："这是因为你第一次买车，你不知道天窗一年能用几次，说句夸张点的话，你维护天窗的次数可能要多过你用天窗的次数。"

小左："这太夸张了吧！"

的确，天窗是一些消费者特别喜欢的配置，现在尤其流行全景天窗，但小左和小右已经在这个问题上产生了分歧，谁说得有道理呢？

▲ 奥迪 Q8 是新旗舰，没有天窗在国内是不可想象的

24.1 天窗到底是否实用

我在买第一辆汽车之前，也无数次畅想这样的美妙场景，深夜开着车，打开音乐，透过天窗，望着空中眨眼的星星与银河。但到现在，好像也没有实现过这样的场景。或者晚上恨不得在家多休息休

▲ Q8 的车内延续了奥迪做工精致的传统，但天窗标配是没有的，欧洲很多车型天窗都作为选装配置

息，赶夜路的时候也恨不得快点到达目的地休息，外出旅游偶尔有休闲的心情，又何必把自己关在车里看星星而不出来呼吸着大自然的空气数星星呢？

诚如小右所说，自己买过的车，除了担心天窗漏水外几乎没怎么想起来过，只有在下大雨的时候打开遮阳板听听雨点打在玻璃上的声音，就是唯一的享受了。

买全景天窗还是普通天窗　**Q24**

有人说，天窗可以用来换气。的确，用天窗换气比开侧窗换气噪声略小，换气也没那么猛烈，但我宁可通过空调换气，既能顺便过滤空气，又免除噪声干扰，在高速公路上通过开空调换气还比开车窗省油。

唯一需要天窗换气的场景，恐怕就是在车里吸烟的人了。开天窗而不是从空调系统换气，避免烟味通过空调滤芯，免得以后一直都有一车的烟味。这可能是除了想象中的看星星以外天窗唯一的实际作用了。

但我也理解人们对天窗的渴望，不曾经拥有过怎么知道实际的滋味呢？等再买第二辆车的时候恐怕天窗就不算是刚需了吧。

除了前面提到的一些成本、维护问题外，天窗最大的问题是会降低车顶的高度，因为天窗要留出向后移动的空间，都要在车顶内预留出空间。这对于本身就很低矮的车，可能更明显。

有些人担心天窗的安全问题。虽然多少会有些关系，但要相信整车厂已经在车身结构设计时给予了足够的考虑。你看敞篷车完全没有车顶都能够满足安全标准，何况本身还具有一定支撑作用的天窗呢？

▲ 这款 CR-V 的天窗占用的车顶空间是很明显的，要为天窗留出向后滑动的空间，好在 SUV 车型本身高度就比较宽裕，可能不会引起什么问题

▲ 整车厂在车型设计时就会考虑到是否会装配天窗，会对相应的结构强度进行强化，毕竟还要经过各个机构的碰撞测试，天窗本身造成的车体结构强度不用担心

24.2　全景天窗也有各种类型

买车也是在平衡付出与收获，汽车的任何配置都具有吸引力，关键是要付出多大的成本，所有的配置都是如此。

如今，天窗的成本越来越低，甚至很多车型都标配全景天窗了，尤其一些带有些"野性"的 SUV 和旅行车。我倒是觉得，如果选择天窗，还是全景天窗更来劲，不管是视线感受，还是档次感。

全景天窗其实没有严格的定义，通常就是它会覆盖几乎整个车顶的面积。全景天窗也分不同的类型，常见的有固定式、整片打开式以及双片分段打开式。还有的车型打擦边球，采用双天窗，效果比全景天窗还是差了一些，甚至还有脑洞大开的车采用纵向双天窗式，比如特斯拉的 Model X。

▲ 双天窗为前排乘客和后排乘客分别提供向外的视线通道，而且中间还可以布置车顶横梁以强化结构，但整体的视觉效果不如全景天窗

提到全景天窗，很多人最先想起的可能就是法系车，它们最先大规模应用全景天窗，甚至，它们前风窗玻璃的尺寸也比其他品牌的更大，就是为了提供更好的视觉通透效果。不过，早期法系车的全景天窗绝大部分都是固定式，就是车顶是一整块不能打开的巨大玻璃，想打开通风是不可能的。

▲ 很早的标致旅行车就搭配全景天窗，不过那时候人们还不怎么抱怨它不能打开

对于我这种根本没有打开天窗需求的人来说，我倒是很喜欢这种固定式全景天窗，没有漏水和维护的担忧，只保留了了通透的优点。

▲ 法系车对巨大玻璃的喜好，以毕加索为典型，尺寸巨大的前风窗玻璃，恐怕只有如今的特斯拉 Mode X 可以媲美

▲ 特斯拉的视野非常通透，由于后面特殊的打开方式，为后排乘客提供了纵向的双天窗，虽然严格来说天窗安装在了车门上

买全景天窗还是普通天窗 Q24

▲ 特斯拉 Model X 巨大的前风窗玻璃一直延伸到前排座椅的上方,实际的视野的确太过通透,体验很特别

▲ 这一代奇骏车顶上基本都留给了全景天窗,高配车型还在行李架上配备了两个射灯,设计很经典

另一种全景天窗是整体可以打开的,车顶仍然是一整块玻璃,而且整体可以打开向后移动。这种天窗有一些小限制,首先天窗的整体尺寸肯定要比固定式的小,纵向尺寸基本上不可能大于车顶长度的一半,因为要留出天窗打开时向后移动的空间。整体打开式全景天窗让人印象最深刻的,就是第一代国产奇骏。这一代奇骏有很多让人印象深刻的元素,包括车顶的射灯,还有同级别车型中比较强悍的越野能力,让它成为经典车型。

▲ 从车内看,奇骏的全景天窗基本覆盖了前排和第二排乘客的头部区域,后面是行李舱的空间,这么巨大的全景天窗能够整体开启,当时的确让人眼前一亮

目前全景天窗采用最多的形式,还是两段式全景天窗。它不采用整体的玻璃,而是在中间分为两段,后段的天窗为固定式,前段天窗可以打开移动到后段天窗之上。这种全景天窗,虽然中间不可避免有一个横梁,但平衡了视野和可开启的优点。

▲ 奇骏的后续车款已经把整体式可移动天窗改成了两段式全景天窗,视觉效果上要差很多了

185

▲ 两段式全景天窗，前段可以打开并移动到后段之上

▲ 法系车标致 5008 也采用了这种两段式全景天窗

买全景天窗还是普通天窗　　**Q24**

24.3　总结：你喜欢哪种天窗？

如果你不选择天窗，我举双手赞成；你选择天窗我也支持，哪怕它不多的几次能给你带来心情上的愉悦。如果选择天窗，最好是全景的，但天窗的类型肯定不能成为左右你选车的关键因素。

▲ 奔驰很早就引入了可变色天窗技术，夏天用深颜色阻止阳光进入车内

汽车厂家应该普及一些天窗科技，让它自动化。现在有些具有碰撞辅助的车，在判断碰撞难以避免时会自动关闭天窗和车窗，这就是很人性化的功能。

有些天窗带有下雨自动关窗的功能，它的原理并不复杂，和自动雨刷类似，这早就应该作为天窗必备功能了，让有强迫症的人在下雨时不去担心天窗有没有关。

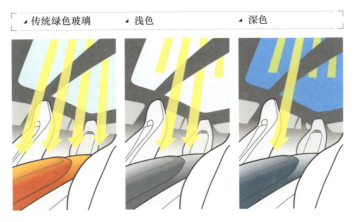

▲ 传统的绿色天窗玻璃对光线的阻隔作用很小，奔驰这款天窗在浅色时也能有效阻隔 UV 和紫外线，深色时进一步减少进入车内的光线，据测算深色天窗比传统天窗能把扶手处的温度降低 10 摄氏度

夏天，阳光透过天窗，哪怕照射到遮阳板上也会让车内温度更高。有些豪华品牌使用可变色的玻璃做天窗，天热时可以通过深色阻碍光线进入，这也是很贴心的设计。

第3部分
提车前后最操心

问题25：
在4S店买还是在综合店买

小左："我倒是见过那种综合店，一个大厅里面有各种品牌的车，看着就感觉不靠谱。"

小右："我觉着与其冒着风险去这种综合店买，还不如多想想办法让4S店多打打折。"

小左："这种综合店能存活，说明还是有市场，还是有人来买。"

小右："但真正能不能便宜，能便宜多少，就不好说了。"

即使我认为汽车保养不一定都去4S店，但买车我还是推荐去4S店的。很多人想图个便宜，就考虑要不要去报价很有诱惑力的综合店去买。就像买二手车，不是所有的二手车都有坑，但你没有把握还是不要轻易尝试二手车；同样，综合店也不都是坑，但也不是随便可以占到便宜的。

25.1　4S店和综合店的区别

到底什么是4S店呢？它是四个英文单词的词头缩写，包括Sales（销售）、Sparepart（零配件）、Service（售后服务）、Survey（反馈），甚至现在还有增加了二手车（Second hand）的5S店。

这些名词我们没必要记，但核心是4S店是汽车厂家认证的、与整车厂关系最紧密的一级经销商。厂家的车出厂直接发货给4S店，整车厂也很重视维护与4S店的关系，因为这些一级经销商和厂家具有唇亡齿寒的相互依存关系。一个品牌的车占据市场离不开4S店的努力销售和服务，整车厂拿不出优秀的车型也不能支撑4S店的生存。

▲ 近些年来，常有年底汽车厂商反馈利润给4S店的新闻，这充分体现了整车厂和销售网络之间的相互依存关系

综合店是游离于整车厂体系之外的，它们不能从厂家拿到货源，但可能通过自己特殊的信息和渠道从4S店拿到便宜的车，因此称为二级经销商。这种汽车销售的一级和二级可以拿修车来类比，4S店提供维修的售后服务也是受到厂家指导和认可的，路边店就是游离于厂家体系之外的。

汽车销售增长放缓后，4S店的缺点就暴露得很明显了，因为单个4S店只能采用单一品牌的统一标识，采用统一的设计和风格，销售单一品牌，成本过高就是4S店很难避免的问题。哪怕一个大的销售集团同时销售很多品牌，也要为每个品牌建立单独的店面。而4S店占用巨大的资金体现品牌宣传效果，却完全是整车厂受益。

▲ 国内的4S店模式基本上是一级经销商的唯一模式，单品牌销售让4S店成本居高不下

消费者去4S店买车其实没有太多抱怨，抱怨的主要问题是售后

在4S店买还是在综合店买 Q25

维修和保养的价格贵。这都是4S店巨大的成本造成的，现在买车的价格越来越透明，4S店卖车挣不了多少钱，利润点很多来自售后。

国内这种4S店式汽车销售模式，越来越面临困境，迟早会有所改变，只是一个时间的问题。不过，目前，你买车最好还是去4S店。

▲ 展示和销售分开可能是未来的汽车销售模式，还可以结合线上线下的网络销售模式，线下有展示店，选装配件和颜色以及下单都可以通过网络在线完成

▲ 4S店巨大的成本，就是造成维修售后价格居高不下的主要原因，以售后弥补销售是目前很多4S店的无奈之举

25.2　综合店诱人报价背后的坑

综合店能够在市场上立足，自然也有它的理由。

在汽车市场不发达地区，可能当地没有4S店，综合店去4S店拿到货源来当地卖，就是一种盈利模式。在汽车市场发达地区，综合店必须拿出足够诱人的低价格，至于你是不是最终能以便宜的价格买到车，却是另外一回事。

不否认有些综合店本身有特殊的渠道，靠自己的低成本运行，的确能让你以低价格买到车，但综合店的未知风险太多，对于买车这样的大金额交易不一定合适。

买车是包含了诸多环节的过程，办贷款、买保险、提车加装饰、上牌代办费用，甚至车辆本身是不是事故车，这些环节都可能挖了坑在等着你。综合店买车引起的

▲ 买车包含一系列过程，4S店提供的服务在这里可不是一句虚言，如果你去综合店买车，交钱后的服务水准就不得而知了

纠纷也数不胜数，个人也没有精力和经验去和综合店斗智斗勇，毕竟，综合店是专业干这一行的。

　　如果你没有可靠的熟人关系在综合店能帮你把关，那么我建议你还是去 4S 店。

　　另外，现在越来越多的车需要选装配置，你自己选定了内外颜色和配置的车，理论上 4S 店是需要直接向厂家订货，厂家生产后发货给 4S 店才能到你手里。综合店肯定不能完成这样的定制，他们只能提供给你现有货源的车型。

▲ 如果你要选装配置，也只能去 4S 店才能实现，目前不止豪华车型，有些经济型车也能提供丰富的选装配置

▲ 选装配置比较著名的是保时捷，有些车型的价格并不太高，但不选装的话很多配置都是没有的，选装配置占据的车价比例相当高

▲ 一辆保时捷，从内到外都充满了定制化项目，你如果想让它的性能更好，有数不胜数的升级配置

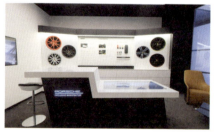

▲ 如果你要购买保时捷，个性化定制是必备的一环，也能让车更符合自己的口味

25.3　总结：推荐 4S 店

　　最后想说的是，如果你不能承担 4S 店买车的成本，那么还是换个车吧；如果你只是想省点小钱占点小便宜，还是别因为这个吃了大亏。

问题26：买厂家官方进口车还是平行进口车

小左："平行进口车我大概知道是什么意思，就是不是汽车厂家主导的进口车。估计我不会买很贵的车，因此平行进口车和我没有关系。"

小右："我喜欢越野车，现在平行进口车不少都是越野车，我也在观望，如果有可能我会去选择平行进口车，但得先弄明白它们和官方的进口车到底有哪些不同。"

国家相关部门放开了汽车平行进口的模式后，买进口车的确多了一种考虑。但你也要了解，平行进口相对官方进口除了价格便宜外，它还有什么优点和缺点。

▲ 平行进口车主要是价位比较高的车型，比如高端 SUV 车型、跑车等

26.1　平行进口的不同身份

汽车厂家官方授权或者官方自己进口销售的车，市场俗称官方进口车或"中规"车；未经厂家授权，独立的商家自己从海外购买后经过正规的进口和报关手续后进入中国市场销售的车，就是平行进口车。

平行进口车，是独立于汽车厂家之外的一种并列存在，对厂家自身的官方进口车也会形成竞争关系，因此大部分平行进口车不能享受厂家的售后服务，包括新车前几年的质保。具体政策不同品牌有所不同，你需要自己去了解。至于整车厂是否应该为平行进口车提供质保，就不属于本文要讨论的问题了。

平行进口车有不同的购买来源地，比如来自中东的"中东版"，来自美国的"美版"，来自加拿大的"加版"，还有"墨版""欧版"等，不同版本在配置上有相应区别。

比如中东版的车型，配置上更注重空调制冷，而座椅加热这样的配置你就别想了。美版车型首先遇到的问题就是英里（mile）和千米（km）转换的问题，有些美版车型速度表是英里、千米双圈速度表，这在中国可以直接使用，否则就要改装成为千米速度表。有些美版车型没有后雾灯，但中国法规要求至少有一个雾灯，因此也需要加装。美版车型有些仍然在使用红色转向灯，这不符合中国的法规，必须改装黄色的转向灯光。美版法规要求在前方侧面有黄色反光板，有些在车灯里，有些独立设置在前翼子板上，这也是识别美规车的最简便方法。

▲ 前角黄色反光板往往是美规车的辨识方法

▲ 如果美版车型采用了英里、千米双圈仪表，就不需要改装

▲ 其他市场版本的灯组中往往没有这个黄色反光板

▲ 如今越来越多车型采用液晶仪表盘，可以设定千米或英里显示单位，自然也不需要改装

当然，需要改装的部分进口商应该都已经帮你解决了，但你至少要提前了解你买的车是不是经历过拆装和改装。

26.2　平行进口车真的便宜

并不是平行进口车本身便宜，而是进口商去操作的那些平行进口车都是利润空间较大的车型，于是就可以比官方进口车更便宜，否则他们

买厂家官方进口车还是平行进口车 Q26

也不会去运作。

平行进口车的市场是基于两个人们普遍接受的事实：进口整车的品质更优秀；价格比官方进口车能便宜不少。这就让它有着很强的竞争力。

平行进口车打压了国产车或者官方进口车的情况也不少见。比如一汽丰田前不久停产了一款超经典车型兰德酷路泽，停产前这款车每个月卖不出去几辆。不明就里的人会很奇怪，这车大街上可不少见，怎么销量这么少？因为这款车大部分人都去买平行进口版，即使停产之后，平行进口版也会继续火热。

据统计，2018款兰德酷路泽应该是平行进口车里销量最大的车型，尽管日产途乐价格比它低了差不多20万元左右，但受到影响的可能还是普拉多，兰德酷路泽的市场地位非常坚挺。而且平行进口版价格也很合适，兰德酷路泽4.0L中东版的起步价格基本上和国产普拉多4.0L高配车型差不多，但级别的提升可有本质的区别。丰田车品质可靠，平行进口车又有明显的价格优势，活生生让国产款没有了生存空间。

▲ 欧版2015款兰德酷路泽

▲ 美版2015款兰德酷路泽

2018年平行进口车销量排名在二三位的，是日产途乐和丰田普拉多。日产途乐本是和丰田兰德酷路泽一个级别的车型，虽然各方面竞争力差一些，但价位低了近20万元让它的性价比非常突出。另外，福特野马、F-150、路虎揽胜、奔驰GLS、丰田塞纳等，都是平行进口车的主力车型。

我们再列举其他几款对官方进口车型形成冲击的平行进口车。官方进口的三菱帕杰罗只有3.0L版本，就是俗称的V93，动力不够充足不说，价格也不是很有竞争力，平行进口的3.8L的V97帕杰罗，价格基本上和官方进口的 V93 持平，如果是你也会倾向选择平行进口的 V97 吧。沃尔沃 XC90 也类似，官方进口的 XC90 价格显得很没有竞争力，官方降价也解决不了这个问题。

26.3　总结：没有免费的午餐

低价是巨大的诱惑，但没有官方质保确实不是小问题，毕竟这些车都是价格不菲的豪车。

但平行进口车如何解决质保问题呢？你可以买几千元的质量保险，如果几年内出了质量问题，修理费用就由保险公司支付。现在不少大的保险公司都提供这类保险服务，至于在销售商那里代买还是自己单独向保险公司购买，就要你自己去研究研究了。

前面一直在讨论平行进口车的各种细节，如果你觉得我是在鼓励你去买平行进口车就误解我了。天下没有免费的午餐，价格略低的平行进口车也还没有对官方进口车形成本质上的冲击，只是有些特殊车型的确更有优势而已。毕竟，汽车厂家掌握着车型在全球市场销售的主动权。

对个人来讲，买官方进口车肯定是更省心更放心的选择；如果你做足了功课，也能够找到足够靠谱的平行进口车经销商，可以尝试去购买平行进口车。记住，买平行进口车的关键是要选对店、选对人，平行进口车也有太多坑，真不一定都是没动过手脚的新车。

如果你不想承担这些风险，还是老老实实买官方进口车，花钱买放心吧。

问题27：全款买还是贷款买

小左："我就买个十万左右的车，还是直接全款买吧，省事儿。"

小右："不是你想全款就全款，现在4S店的销售会忽悠你分期付款，这样才能享受各种优惠。"

小左："那何必呢，4S店让我分期付款，他们能有什么好处么？"

小右："肯定有好处，不过具体是什么好处我就不知道了。"

的确，现在4S店会优先推荐客户贷款买车，极低的利率也非常诱人，但复杂的算法背后到底需要付出多少钱，很多人还是算不明白的。本章我们就分析到底谁能从中得到好处，这背后还有什么套路。

27.1 分期付款成主流？

贷款买车的流行，还是起始于五六年前。之前，家庭买车很少有贷款的模式，甚至你可能还记得拉着几麻袋硬币买车的报道。但为了促进人们"花明天的钱"去消费，汽车销售在尝试了分期模式后，很快就流行了起来。

甚至，现在还有基于网络上的所谓"零首付""以租代售"的模式，当然这种模式更需要你擦亮眼睛仔细计算，因为买的始终没有卖的精。

▲ 分期付款买车，已经成了现在买车的主要方式

分期付款买车的流行，更多还是提升了人们的消费胃口。本来可换可不换的车，现在只需要付很小比例的首付就可以换个高端品牌、更高级别的车，让人们消费汽车的模式发生了很大变化，好像汽车也是可以随便买买买的东西了。

27.2 分期付款你得到便宜了吗？

我们且不关心分期付款的买车模式是否培养了人们的超前消费心理，是否透支汽车市场的未来，我们先重点分析一下贷款买车比全款买车是赚了还是亏了。

有人帮你先垫钱，还能帮你省钱？只不过是这边少赚的钱，从另一边又赚了回来，可能还多赚了点。贷款买车里有不少套路是你很难回避的，我们一一分析。

利息方面，基本是银行规定的，和4S店也没什么关系。为了促进人们贷款买车，银行的利息基本都不高。因此，4S店销售很乐意帮你计算，利息其实没有多少。但4S店会收取你一定金额的手续费，这个费用完全是归4S店的，而且数额往往不算小。

下一个套路就是保险。贷款买车，是你跟银行借了钱，你买的车其实是先抵押给银行的，银行为了保证车辆在几年内的保值，要求你必须购买他们规定的全险。即便你认为有些险种没有必要，你也没有选择的余地。这个费用自然也不能忽略，比你全款买车时自己选择的险种可能要贵出不少。保险的各种险种，我们会在下一章再详细讨论，但4S店从保险中收获一些利润是必然的。

除了这些必备套路，还有一些4S店的自选套路，比如会给你推荐保养套餐、装饰套餐作为贷款买车的附加项目，或者车价优惠的条件。总之，在4S店买车不会让车价简单地优惠多少钱，而是各种条件、各种套路，让你"花钱买优惠"。4S店就是要用眼花缭乱的优惠套路让你的头脑混乱，才能乱中取胜。而且通过让你提前购买的保养套餐，还能让你在几年内被"套牢"，只能回店保养。很多4S店是对接待员有回店消费额的考核指标的：不怕你回店不消费，只怕你不回店。

利息加手续费加全额保险再加上其他套餐，这些就是贷款买车明面上的成本。通过分期付款方式卖车，看上去是几方共赢的，因此才会迅速流行起来。4S店并没有承担太多成本，毕竟垫钱的是银行，4S店从手续费、保险提成、捆绑套餐方面获得了更多的利润，也促进了更大的成交额；银行也发放了风险极低的贷款，也是收益方；消费者虽然多付出了点钱，但毕竟把整车全款分散开来，短期压力小了很多，这才是贷款买车给消费者带来的最大实惠。

除了明面上的成本，更不能忽略的就是上面提到的隐含消费，就是你的超前消费。本来你只想全款买 15 万元的车，说不定被忽悠以后用贷款方式购买了车价 20 万元以上的车。这些多消费的价值可不是小数目，除非你提前修炼了自己的定力。

▲ 分期付款让各方得到了共赢，未来全款买车可能会越来越少

27.3 总结：不管什么方式，算清账是关键

贷款买车已经变成了大趋势，虽然它在透支未来，但也有提前享受的好处。好还是坏，归根结底也取决于你对自己未来收入状况的客观评价，就像贷款买房能让你早早享受一样，也不一定是坏事。

不论全款还是分期，关键是你要算清账，到底付出了多少成本，分期是不是在承受范围之内。这听起来简单，但实际并不容易。即便以前全款买车，如果算上二手车置换补贴，加上 4S 店的各种套餐，计算自己实际的成本都不容易，何况分期呢。

问题28：买全险还是挑着买

小左："像你们这种'老司机'肯定不用买全险，我这种'菜鸟'就得买全险吧。"

小右："没有真正的全险，全险只是一种模糊的概念。但就算是新手，也还是得挑选自己有用的险，很多险其实是没用的。"

有个做汽车保险的朋友曾经问过我，你知道汽车报案里，肇事最多的类型是什么吗？是大树和电线杆！大部分报案都说自己车撞了树或者电线杆！

下面咱们开始说正经事，聊聊买保险的技巧，如果你可以不用买全险的话。

28.1 保险行业让汽车更安全？

保险的价格，与车辆本身的安全性和维修价格息息相关。车价越贵，车损险越贵。保险行业还有一个零整比的问题，就是一辆车所有配件加起来的费用，相当于几辆整车的价格。零整比直接反映了汽车的维修成本，很多车能超过6，有报道甚至某些车能超过10，就是说购买一辆车的所有配件的花费够你买十几辆车了，这样的车型的车损险肯定会贵不少。

补充一点，像美国IIHS这样的保险行业机构组织的汽车碰撞测试，对汽车安全性是有很大参考价值的，毕竟保险公司是要直接为事故买单的。保险机构对汽车安全的评价，包括主动安全、被动安全、对行人的保护，甚至包括灯光过亮或过暗都会影响车辆整体安全的分

▲ 如果一辆车有很全面的主动安全系统，比如行人探测和保护系统，它出险的可能性就会降低很多，三者险也会便宜

数和等级。

在汽车发达的国家，保险的价格也会反过来影响一款车的市场表现。因此，很多汽车厂商都有单独的事故研究部门，比如奔驰、奥迪、沃尔沃等。奔驰从1969年开始对事故进行研究，沃尔沃也在20世纪60年代开始设置事故研究部门。这的确对道路安全起到了很大的正面作用。

▲ 奔驰的事故研究部门在做事故的现场调查

28.2 没有严格意义的全险

前面我们说过，如果你是贷款买车，银行要求贷款者在还清借款取消抵押之前是要买全险的，具体

▲ 奥迪事故研究部门的人员在调查事故车

的险种你只有增加的可能而没有减少的余地。如果你不是贷款买车，你当然可以自己选择险种。我们这里就大致了解一下各个险种的作用。

首先要明确，的确没有严格意义的全险，因为用车情况多种多样，一个人不太可能把所有的险种都买全。通常意义上，车损险、三者险等几项是主险，在此基础上再选择几项主要的附加险，就被称为全险了。

交强险，是国家法规强制性要求购买的三者险，它只是一个最低程度的保险，对绝大多数车主来说也是不够用的，比如有责任时对死亡伤残最高赔偿11万元，对于医疗费用最高赔偿1万元，对于财产损失最高只有2000元。如果你稍微严重一点追尾了一辆车，哪怕是个二三十万元的车，恐怕损失也不止2000元。而且，交强险是三者险，是赔偿事故中对方损失的，而自己的车身受损是不在赔付范围内的，因此还要商业保险的补充。

刚才用了一个词汇叫做三者险，简单说，车主和保险公司是两者，被撞的是第三者，三者险就是用来赔偿被撞一方的损失的。现在保险公司一般会建议你三者险上到 100 万元或者更多，毕竟如果人员受伤，现在住院治疗的成本也很高。

　　三者险只负责赔偿你撞的人或车，车损险才是赔偿你自己车的损失的。车损险的价格你没有选择余地，是保险公司根据车价、车龄和修理费用计算出来的。

　　车损险和三者险是两项主险，但出险后保险公司是不会全额赔付的，你自己仍然要承担大概 15% 的份额，除非你再买这两项主险相应的不计免赔险。我推荐一定要买这两项主险的不计免赔险。

　　在这两项主险的基础上，就是一些附加险种了。

　　车上人员责任险，驾驶员和乘客分别是两个险种，当发生事故时出现自己车上人员受伤的情况就可以得到赔付。

▲ 越野涉水引起的发动机损失保险公司是否赔偿，还是要提前问清楚

▲ 如果你没有对车辆的线路和动力做过专业的改装，自燃的风险不高

▲ 家用车可没有这样便利的灭火装置，但如果你没有改装过线路和发动机，自燃的可能性也不大

买全险还是挑着买　Q28

发动机涉水损失险，当你因为涉水造成发动机损坏时就会得到赔付。如果你所在的地区不经常有道路过深的积水，或者你不会去冒险涉水，就没必要选择。当然，特意越野涉水引起的损失保险公司是否赔偿，还是要提前咨询清楚。

自燃损失险是赔偿车辆自燃损失的。现在 5 年以内的新车，如果你没有做过音响或电器的改装，自燃的风险不高，除非你故意大夏天在车里放置易燃物品。

盗抢险针对的是车辆被盗或者被抢造成的损失。如果你停放车辆不那么随意，平时所在地区治安也比较良好，盗抢险的意义也不大。

玻璃单独破碎险，是保护玻璃单独破碎的情况，这情况其实也不多见，比如风窗玻璃被路上溅起的石子撞碎等情况。注意，事故连带的玻璃破碎在车损险赔偿范围之内，不需要玻璃险来赔付。那么玻璃单独破碎险是不是有必要，需要你自己考虑了。

▲ 玻璃单独破碎险，在玻璃单独破碎时会有赔偿

车身划痕险，4S 店肯定会推荐新车主购买，的确很多人包括我也非常头疼新车出现划痕，不管是恶意的还是不小心引起的。这个限制和玻璃险类似，只负责车身单独的划痕，如果是事故，比如车门被剐蹭了，单独的车损险就会赔偿。

其实，这里还要透露给消费者一个非常有用的险种，有些比较人性化的保险公司有这个险种，就是"车损险找不到第三方特约险"。如果你的车停放在路边被撞了，但找不到人，这个险种就能发挥作用。我猜测本章最开始说的很多大树被当作肇事者，不排除其中就有这种情况吧。所以说保险公司提供这个险种还是很贴心的。当然，我也建议你在购买保险前，再和销售顾问详细问清楚每项险种的赔偿范围。

28.3 总结：保险公司还有很多免费服务

购买保险后，保险公司还能提供不少免费服务，比如一定范围内的免费送油、免费搭电、免费道路救援等。不同保险公司的服务不尽相同，选择保险公司不只是要比较价格，更重要的是服务。

▲ 常在河边走，哪有不湿鞋，关键是你出远门前要选择好可用的救援方式，可以是厂商提供的，也可以是4S店提供的，或者是保险公司提供的

至于购买渠道，可以在4S店购买，可以在网上购买，也可以通过电话车险的渠道购买，还有一些其他中介平台。还是那句话，别只考虑价格，还要比较服务。

问题29：买原装雷达还是后装雷达

小左："买车当然得有雷达了，没有雷达，路侧停车时后边可判断不好，得超大的车位才停得进去。"

小右："估计现在也没多少车连雷达都不标配了，好多车都带倒车影像，我现在依赖倒车影像时间长了，停车技术都生疏了。"

的确，雷达现在远不是什么高科技了，甚至无人驾驶的汽车技术都不是什么太难的问题。但的确有些抠门的品牌，低配车型仍然是没有雷达的，你该怎么办？另外，别以为有了雷达就不会出问题。

29.1 安全配置不要太节俭

现在汽车在想方设法引入新鲜的功能和配置，但基础性配置的普及却并不尽如人意。就像安全带早就是标配一样，同样和安全有关的倒车雷达我认为也该成为法规强制的标准。甚至包括前部雷达和环车影像。曾经，人们在没有倒车雷达的年代，还把准确判断尾部距离作为某种荣耀，但在科技如此发达的今天，雷达的必要性根本不需要讨论了。

如今都进入无人驾驶的倒计时年代了，即使一款中档品牌的汽车，也能把雷达监测做到前后左右无死角。在安全的基础配置方面，汽车不该有任何吝啬之处。

▲ 尾部的倒车雷达，应该成为强制性标准

29.2 雷达结合影像，是不错的安全配置

很多汽车现在把雷达和影像结合起来，是不错的安全方式。

但你也要注意，单独的倒车影像相比单独的雷达还是更危险一些，毕竟雷达在碰撞到障碍物前会给你声音的提示，而摄像头只负责拍摄而不负责距离判断和危险提醒。有些车提供了影像之后雷达也不再有声音提醒，这些都需要特别注意。

▲ 尾部倒车影像经常处于比较隐蔽的机关内，比如这种倒车时才开启的方式，有助于保持摄像头的清洁

目前，环车360度全景影像的门槛也越来越低，一些合资品牌的20万元价位的车型都有配备，自主品牌的门槛更低。在主动安全方面，这些配置不该总是缺席。

▲ 倒车影像是雷达有益的补充，二者结合起来能提供更周到的安全保证

▲ 车头车尾的雷达结合环车360度影像，就该成为标配，咱们不都说安全最重要吗？这种涉及安全的配置怎么又可以打折扣了呢？

29.3 雷达的盲区在哪里？

即使有雷达，很多车主也经常发生低速停车时的剐蹭。一方面是不注意侧面，倒车时车前侧和拐出车位时车后侧都是危险区，这需要你提前有了解。

雷达响起的时机也应该注意。不同品牌的车，雷达响起的时机可能是不同的，甚至相差很大。最著名的一个反面典型就是奔驰的雷达，如果你不熟悉，在初次驾驶奔驰车时很可能会在"教训中成长"。

几乎所有品牌的雷达，在接近障碍物的时候就开始响，然后越来

买原装雷达还是后装雷达　Q29

越急促,直到变成长响表示已经快要撞到障碍物了。但奔驰的雷达设计理念不是这样,它是快要撞上了才会响。这和奔驰的传统有关,奔驰车以往的车距提醒主要依靠车内的灯光提示,前后各有一个指示灯,分别表示前后障碍物的距离,从黄灯变成红灯表示距离障碍物的距离,直到快要碰撞了雷达才会发出报警声音。这个设计的出发点,可能是要车主主动控制前后的距离吧,奔驰的声音提示的确来得要"更晚一些"。

▲ 奔驰以前几乎所有的车,都采用这样的灯光提示,前部距离指示灯在中控台上,后部的指示灯装在顶篷上,正好能从后视镜中看到

雷达的盲区也需要你了解,太低的凸起(刚刚能撞到保险杠的高度)或者过高的树木(正好撞到后玻璃),都有可能不被雷达扫描到,倒车前你最好先肉眼扫描一下。

现在还有一些车专门引入了倒车时监测两侧有没有接近的车辆,如果有也可以给出声音提示或者主动制动,能提升从车位倒出时的安全。

尽管有雷达,倒车太快也很容易撞到,驾校教练几乎不会教你的就是倒车尽量不要踩加速踏板,就算踩也要非常谨慎。因为你对车辆倒车时的加速响应不熟悉或不习惯,而且你身体可能也处于扭转状态,很容易在切换踏板时误踩加速踏板。

另外要记住,从交规上的规定,倒车引起的交通事故基本都是全责。有些人不理解,认为这个规则太粗暴,可你要细细理解,如果不这么规定倒车会引起太多危险,而且前行的车很难避让实际是在逆行的车辆。

既然本章讲倒车雷达,再补充两个倒车小贴士。首先,宁可前行三把,也不倒车一把,就是说要尽量少倒车。另外,一个很常见的场景是在山路上掉头,有经验的驾驶人是不会让车屁股朝着悬崖一侧倒车的,很多次我看到这样倒车的场景都提心吊胆。

29.4　总结:后装雷达要专业

如果你买的车原厂就有雷达配置,最好选择或者选装,毕竟原厂的配件品质和安装品质都是相对更好的。如果没有雷达配置，我看还是换一款车吧。

▲ 倒车雷达和倒车摄像头都可以后装，难度都不算大，但要注意专业性

如果真的没有雷达，后期加装也是必要的，尽可能去选择专业的配件和改装店，别只是关注价格。配件本身的质量要能经受住恶劣环境下多年的考验，线路的拆装虽然不复杂，但线路的隐患却是汽车自燃的最大风险，线路保护不到位的短路问题也容易引起问题。

问题30：买原装导航还是后装导航

小右："小左，你从来不开车出城，有没有导航无所谓了吧。"
小左："那不成，我不需要指路，可我需要实时路况！"
小右："那还是得用手机上的导航，车载的导航和路况都没手机的好使。"
小左："听说现在的车都能把手机屏幕映射到汽车屏幕上？"
小右："这个功能并不普通，很多车现在连屏幕都没有。"

科技让人更懒，更懒的人更依赖科技，导航就是其中之一。

曾经，人们开车远走千里都只需要一本地图册，现在去隔壁小区都要先开导航，可见导航的"害处"。但买车一定要有原装导航吗？我们这章就聊导航。

30.1 导航固然重要，是否原车不一定

就像依赖影像倒车的小右，没了影像之后好像就不会倒车一样，一旦你习惯了用导航指路，没有了导航你好像就完全不认识路了。现在很多人也依赖实时路况避开拥堵，导航系统几乎成了开车的必需品。

可手机上的导航软件远比车载导航更好用，哪怕是几百块的手机，都不亚于几百万的豪车上的导航。很多人对此很理解，其实道理很简单，汽车的车载导航要在几年前就开始设计，并经过很多轮的各种测试，什么高温高尘高海拔极度严寒等，和汽车的测试标准是一样的，从而保证设备的正常工作。一款新车面世，它的导航设备硬件和软件可能甚至是5年前就开始设计的，没有手机的好用就很好理解了。给

▲ 没有导航，很多人完全就不认识路了，即使是常走的路

你一个 5 年前的旧手机用几天你就知道这个区别了。

因此，有没有原厂导航不那么重要，关键是要有手机互联的功能，就是把手机和车载设备连接在一起，手机的一些关键 APP 能够在汽车的液晶屏上映射，尤其是手机导航软件。当然，能在开车的时候通过车辆音响播放手机里常听的音乐，也是很自然的需求。简单说，手机映射功能一定程度上把手机与汽车融合在了一起。

▲ 手机映射能把手机融合到汽车里，功能虽简单但很迎合人们离不开手机的生活习惯

▲ 手机上的导航软件，不但更新更及时，易用性做得也很好，映射到汽车上非常方便

▲ 手机无线充电也是应该考虑的配置，方便才是硬道理

30.2　你需要的不是原厂导航，而是原厂信息化系统

如今，IT 与汽车的融合，是汽车发展的一个重要方向。越来越大的中控屏幕，把越来越多的功能集成在里面，虽然像特斯拉、凯迪拉克、沃尔沃那样完全触屏化管理有些不方便，却也是一种趋势。现在还有些高端车型，仪表板也开始液晶化、数字化、定制化，如果你选择了没有液晶中控屏或液晶仪表

▲ 如果一款车有液晶仪表板和传统仪表板的配置选择，我还是建议你选择有液晶仪表板配置的车型，这才是最新科技的体现

买原装导航还是后装导航　Q30

板的低配车，可以说你错过了这款车的很大一部分乐趣。

在仪表板上显示导航等信息，并不是什么新鲜的功能，很多年前就有车型提供。如今，在仪表板上可以显示更丰富的信息，这也是如今汽车科技发展的一个方向，错过岂不可惜。

▲ 这款凯迪拉克不但在仪表板上显示了导航信息，抬头显示系统也有相应的显示

▲ 液晶屏不但集成了不少原厂功能，还与液晶仪表之间有非常紧密的关联，可以看作是整车的信息化控制中心

30.3　后装越来越复杂

手机映射和互联、最新的信息化系统，是你不该错过的，可不少车系的低配车款，是不提供这项功能的。比如大众的低端车型桑塔纳，如果不选装中控液晶屏，就无法享受到手机互联的功能。

现在汽车的信息化系统越来越复杂越来越高端，比如前面说过的液晶仪表板，比如有些车提供的

▲ 这款桑塔纳车型，中控台不是触摸液晶屏，没有集成手机互联的功能，其他大众的低配车型基本也是如此

大尺寸中控台液晶屏，尽可能在买车时直接选装。后装不但麻烦，而且有质量隐患，还有质保的问题，毕竟电子产品出现问题的可能性本来就大。如果你选择加装的还不是原厂提供的配件，能不能完美地与原厂的信息系统融合在一起，就更要画个大问号，用户体验上可能会打折扣。

例如奔驰最新的A级长轴距三厢版，最吸引眼球的无疑就是车内的两块巨大的液晶屏，可如果你真要买这款车时，才会知道低功率版是

没有双大屏配置的，选配都不行，只能购买高功率版。这就需要你做出痛苦的选择了，因为高功率版价格至少高出 3 万元。

▲ 奔驰 A 级三厢版的任何宣传图都采用了几乎连在一起的两块巨大液晶屏，让 A 级有了小 S 的称号，可只有高功率版才是这样的配备

▲ 高功率版 A 级三厢版直接把价位拉高到 27 万左右，对于一款紧凑型车来说，确实有点狠

30.4　总结：中控那块大屏才是关键，有没有导航无所谓

　　如果你选择的车，中控都还没有一块大屏，确实有点古老了。

　　中间有那块大屏的，你要看看有没有手机映射功能。的确有些日系车，比如丰田的不少车型，还没有提供手机映射功能，这样的话它最好能提供原厂导航，否则日常使用的便利性就大打折扣了。

　　理想的状态，能够通过中间这块大屏实现手机映射，至于额外的液晶仪表盘也是很值得去享受的。要不要考虑买车后再加装来省点钱呢？还是别自找麻烦了。

问题31：买原装音响还是后装音响

小左："听说你们这些老资格的发烧友，都喜欢改装汽车上的音响，好像不把原厂音响骂成垃圾就不能证明自己的耳朵够档次？"

小右："年轻人总会有这么个过程嘛，现在我的理念就是原厂就够了。"

小左："你觉得什么车上的音响最好？"

小右："这个不能听宣传，得自己去听，每个人的耳朵也不一样啊！"

汽车音响改装店，是汽配城里的主力，你是不是也该升级汽车音响呢？很多情况下，还是要用自己的耳朵去听音响的效果，而不是听宣传。

31.1 原厂音响都是垃圾？

客观说，绝大部分定位为经济型的汽车，音响并不是供你"欣赏"甚至"鉴赏"音乐的，只是给你"听"声音的。

但这也不能说原厂音响就是垃圾。我们评价任何东西，都不能离开"预算"这东西。汽车厂商对待任何一款汽车，都是在价格这个硬性指标的基础之上，把各项性能发挥到最好，谁能把这个做得好谁就是最成功的车厂。不计成本的超豪华品牌除外。

音响也是汽车的一个指标，整车厂已经在和顶级音响品牌合作，打造车内的音响水准了，可以说已经把现有硬件的水准发挥到极致了。只不过这个指标与其他车辆行驶等指标发生冲突时，可能会做出让步，先满足其他指标。比如一个稍微追求运动的车型，会在处理隔声时让进入车内的发动机声音更多一些，这时音响的享受就要打一些折扣。

而且，汽车的空间狭小，在狭小的车内空间限制下，在局促的音响安放尺寸的限制下，打造更有立体感的声场是有很大局限的。你期望在本就布满噪声的车内，打造出媲美高端 Hi-Fi 音响的品质，只能说这本身就暴露了你对音响了解不深。

▲ 即使一辆价格不菲的车，它音响硬件的成本也是经过严格测算的，但整车厂绝对具有把现有的硬件发挥到最大化的功力，何况他们还在和全球最知名的音响品牌合作进行开发和调校

话又说回来，现在一个音质好点的耳机，价格都比一辆二三十万元的汽车里所有喇叭的总价格都贵；一台家用的音响，可能都比一辆车贵，你还期望这些汽车音响能有怎样的表现。如果你是音响发烧友，你的耳朵经常去挑剔十几万甚至几十万元级别音响的细节，估计你不会去改装那辆总价才十几万元的汽车的音响吧。

31.2 豪车的音响到底怎么样？

如果你买车时把音响作为一个标准，这个标准不能说不重要，好音响可以作为锦上添花的内容，但如果把它作为选车的指标只能说有些跑偏。汽车的厂商基本上都会在配置上折磨你，让你左右为难，但音响方面加上可以选配的音响，基本上还是能够符合车主对一款车的声音需求，能够对得起一分钱一分货这句话。

买原装音响还是后装音响　Q31

这里我们稍微盘点一下与豪华汽车品牌合作的那些音响品牌。

BOSE 音响在汽车领域有众多合作品牌，奥迪、保时捷、凯迪拉克都与它合作，它在凯迪拉克等品牌上还提供车内主动降噪技术，和 BOSE 降噪耳机原理一样，释放与噪声的振动相位相反的声波来抵消噪声。

宝马、奥迪的一些高端车型，标配或选配 B&O 品牌的音响。这个来自丹麦的品牌，在奥迪 Q8、宝马 7 系上都有配备，档次定位上更高了一些，造型也经常有一些标志性的设计。

▲ BOSE 和不少汽车品牌合作，也有一些独到的技术

▲ B&O 在宝马和奥迪的不少高端车系上都有配备，造型上 B&O 也有个性化的设计

奔驰 S 级装备的著名的音响品牌名为柏林之声（Burmester），基本上只提供汽车前装市场，效果自然也非常好，甚至真有人为了这个音响品牌而选择奔驰的车型。当然，不止 S 级，奔驰 C 级也可以选装柏林之声的音响。

▲ 奥迪最新旗舰车型 Q8 上的 B&O 音响设计和布局

▲ 柏林之声的音响主要和奔驰品牌合作，在群众里的口碑是很不错的

但最符合我胃口的音响品牌，其实是雷克萨斯采用的马克莱文森（Mark Levinson），可能也和雷克萨斯本身的隔声更出色有关系吧。

▲ 雷克萨斯的 Mark Levinson 品牌音响曾经让我"耳前一亮"

▲ 雷克萨斯 ES 采用的 Mark Levinson 音响的布置方式

31.3 音响改装缺乏客观评价标准

我并不反对车辆的任何升级，有些整车厂留出你可以无损升级的配件，你自然可以更换更高品质的东西，比如机油、三滤、制动盘、制动片、轮胎等。但破坏性的改装和升级，我劝你三思而后行，包括音响改装。

音响的改装，不但要拆装线路，更重要的是可能还要破坏原车本身的隔声措施，比如，很多车门的隔声棉是粘贴上去的，拆装扬声器就只能破坏式拆装，把隔声棉撕开而无法复原。我真怀疑破坏了原车的隔声效果能用多好的扬声器来弥补。

另外，汽车音响的改装，一大问题就是很难客观评价改装的效果。每人的喜好本来就不同，喜欢的音乐类别不同，喜欢的音色和调性也不同，因此我一直认为音响的改装是个很难的事情。何况，你在改装店里听到的声音，可不是真正安装到车上之后呈现出来的效果。

因此，你去改装音响的一个前提是，你的确能说出现在的音响哪里不满意，你期望中的音响效果应该是什么样的。并且，你也能确保改装店能够理解你的需求，能够满

▲ 奔驰老款 S 级的隔声材料布置，蓝色是比较厚的隔声材料，黄色是稍薄的吸声棉，深灰色是轮拱和车底的隔声材料，一款车的音响效果，首先取决于整车的隔声水平，但汽车为了各方面的需求，隔声也不可能做得太好而把外面所有的声音都隔绝开

买原装音响还是后装音响　　Q31

足你的需求,这并不简单。就算这些条件都满足,你获得的这些改善是否在你的预算之内,这些预算是否值得,也是要考虑的问题。

音响的改装,绝不是声音震天就是好,绝不是弄几个所谓的低音炮就解决问题的,如果这样那些整车厂也没必要去和全球最著名的音响品牌合作。可从我的经验,不少改装音响的效果往往与车主之前极高的预期有很大出入。

这好像陷入了悖论。如果你的耳朵不够敏感,升级音响对你也没有什么意义;如果你的耳朵足够敏感,你还是去家里打造一套品质够高的音响吧,车上的音响也很难满足你。

31.4　总结:改装音响更适合玩家

整车厂和音响品牌合作,打造声场的功力绝对不低,他们会根据车型的定位,采用价格适中的音响硬件,并且把它们的效果发挥到最大化。

有些主打车内音质和调性的品牌,会更注重音响的效果,音响硬件的水准也可能高一些。可如果你连不同汽车原装品牌音响的差距都听不出来,更无从谈起如何升级音响了。

后装音响,把一个新车活生生拆得七零八落,这本身就是破坏性的,改装之后的效果与付出的花费也很难成比例。但如果你是个乐在其中的改装玩家,喜欢享受其中各种尝试的过程,我才建议你去打造自己的路上音乐厅。

▲ 整车厂也有疯狂的时候,这种音响改装追求的绝非音质和音色,而是动感起来的生活态度

217

问题32：买隐私玻璃还是后装贴膜

小左："好像新车买回来都得贴个全车膜吧。"

小右："以前是，但现在很多高级的车本身就有深色玻璃，好车不贴膜的越来越多了。"

小左："不贴膜夏天得多热呀。"

小右："贴膜其实也不管多大用，更多只是心理作用。"

你买车时要不要优先考虑有隐私玻璃的车型？你要不要在4S店直接贴膜呢？

32.1 贴膜是恶习？

很多车主买新车之后，一套必备流程就是贴膜、装座套、方向盘套等，好像不把车里车外包裹得严严实实，就对不起新车一样。

且不说各种套子可能引起安全性问题，材料可能有空气污染的问题，只说贴膜这一项，它的流行可能还是由于4S店买车赠装饰而火起来的。虽说贴膜可能属于4S店白送的范围，但动辄就折合了几千元的额度，这些额度也并不是白来的。

贴膜的利润可能远超你的想象，可它是否起作用也只取决于商家的一面之词。不少汽车早已采用隔热玻璃了，哪怕浅色玻璃也是如此。如果你真的夏天不想让停在室外的车内热如蒸笼，在里面放一两个遮阳帘才是最有效的。

很多人喜欢通过贴膜打造一个非常封闭的车内小空间，但敞开心扉让自己更阳光一点不更好吗？现在很多人都有路怒症，我倒是经常觉得，骑自行车的路怒症怎么就没这么多呢？就像有事没事戴墨镜，不妨摘下来吧。

32.2　你想到的，汽车工程师早就想到了

记住一句话，汽车上真正有用的东西，汽车工程师早就想到了，出厂就会有。如果出厂就没有，也没有原厂的选配，只说明一个问题：那东西根本就没用，或者副作用的风险更大。

贴膜就是如此。越来越多的车型为后排提供更深色的隐私玻璃，来提供更好的隔热和隐私空间，但前排为了安全还是浅色玻璃。可见，汽车工程师不是不能为前排采用深色玻璃，而是有足够的理由让他们不这么做。

▲ 原车的浅色玻璃就能过滤紫外线，要真正隔热，这类高端车型可能还有遮阳帘

▲ 现在很多价位不是特别高的车型，也配备了后排隐私玻璃，这其实就足够了

更别提什么防爆膜这种伪命题了，汽车前风窗玻璃早在多年前就普及安全玻璃了，侧窗玻璃符合一定强度也就足够了，再防爆真的就好吗？还是那句话，我们没有必要用道听途说的业余知识去挑战汽车工程师的职业素养。

32.3　贴膜要适可而止

如果你真要贴膜，后排侧窗玻璃贴膜就足够了。如果还不满足，前排侧窗贴上也可以接受，但把后风窗甚至前风窗都贴上，还是非常不推荐的。

不论多好的玻璃膜，对透光率都有一定的影响，通俗点说就是透过玻璃看出去会不清楚，所谓只阻隔有害光线的说法也就听听而已。前风窗贴膜后，在本来就光线不足的夜晚会让视线更加模糊，再加上难免的眩光干扰，必然对安全有影响。这时候，很多人挂在嘴边的"安全最重

买车不纠结

要"就被抛到脑后了。

后风窗贴膜也是如此，后车不能透过车窗看到前面更远的车辆的状态，追尾几率肯定会增加，只是这时候人们好像都不在乎了。

很多汽车贴膜的品牌来自美国，但在美国，不少州对贴深色膜是禁止的，有些州会检测车窗玻璃的透光度。欧洲有些国家也禁止了前排侧窗贴膜。我们也不能说贴膜商家有什么不对，有市场才有销售，贴膜成风本质上还是车主不重视安全，或者没有意识到它的安全隐患。总之，贴膜还是需要有制度来规范。

▲ 汽车工程师不肯在前排侧窗使用深色玻璃，自然是有道理的

32.4 总结：有原装尽量用原装

有原装就尽量用原装，这句话用在汽车领域绝对是不会错的。

▲ 很多国家为了安全都禁止或者限制贴膜，安全对车主来说最重要

如果能够购买或者选配原厂隐私玻璃的车款，自然是不错的选择。如果没有选择，贴个后排侧窗膜也无可厚非；再进一步，前排也贴个浅颜色的膜也可以接受，但也就到此为止了，前后风窗玻璃就维持现状吧。

220

问题33：买延保还是到期就撤

小左："听说现在买车可以买延保，这个东西不错，比如我想开5年再卖掉，就多买几年延保，这几年就踏实了。"

小右："是这个道理，但一方面有些东西不一定保，另一方面你花的钱不一定能值回来。"

小左："你的车买延保了吗？"

小右："我以前买车的时候还不流行这个，但以后我估计也不会买延保。如果我估计一款车5年内出大问题的概率大，我肯定不考虑这款车。"

最近慢慢开始流行的汽车延保，到底该不该买呢？

33.1 延保是什么？

很多人不知道保修和包修的区别。包修，是不收取任何费用；保修，是可以收取零配件费用的，但不收取人工费用。

不过，汽车的保修期另有专门的规定，2013年10月开始实施的《家用汽车产品修理、更换、退货责任规定》，明确规定保修期不能低于3年6万千米，在这个时间和距离范围内如果车辆出现质量问题，整车厂提供免费修理；另外还有一个不低于2年5万千米的三包期，符合特定条件要执行包修、包退、包换的政策。

我们买车一般都关心汽车的保修期，延保也是针对原车的保修期做延长的。比如你恐怕3年保修期过了之后车辆出问题，但也不想立刻就把车卖掉，你就可以考虑购买延保。

延保可能有不同的提供方，一种是整车厂提供的延保服务，一种是4S店或保险公司提供的。整车厂提供的服务基本仍然可以在不同4S店享受服务，保修范围也基本和原来的保修范围大体一致。4S店或保险公司提供的延保，就要看具体的条款，包括享受服务是不是只能在原4S店，受到保修的配件范围可能也限定在车辆三大件和主要的部件。因此，是否购买延保服务，先得搞清楚是谁提供的，能保哪些东西。

▲ 如果是整车厂提供的延保服务，保障的范围通常和之前的保障范围一致

▲ 有些非整车厂提供的延保政策，只包含发动机变速器等关键部件，可实际上这些部件往往可靠性非常高

33.2 延保有没有用？

搞清楚上面的问题之后，你还要搞清楚，你要买的车，是不是真的需要延保。这就是一个很有意思的话题了。

诚如小右所言，可能绝大多数人都希望自己购买的车足够可靠，但实际上，不同品牌汽车的可靠性是有比较大的区别的。尤其如今，电子系统的应用越来越多，也让很多车型的可靠性问题越来越严重。

如果你的车容易出现质量问题，延保才有用；可如果你知道它不可靠，你还会买它吗？如果你对自己要买的车的质量不是那么有信心，但你又的确被这个品牌或者这款车所吸引，延保可能就是最佳解决方案。

33.3 汽车什么时候坏尽在厂家掌握

一款车几年内会出什么样的问题，不会出什么样的问题，厂家基本上是有比较靠谱的测算的。

一款车质量太好，就说明用料太过了，成本就会太高；一款车质量不够好，甚至3年质保期内就出问题，就砸了自己的牌子。整车厂会把车辆的可靠性做到合理的范围内，理论上来说，消费者购买延保是会亏本的。但你不能忽略的是，就像保险本身，它提供的是一个风险规避的能力。

买延保还是到期就撇 Q33

▲ 一款车在出厂前做过极其周密的测试，出厂后可靠性是什么状态，厂家是有大致把握的

另外，我们也特别指出一些车型，它们可能更需要延保。首先就是比较豪华的车型。不一定车辆越豪华，就越可靠，这是完全不同的两个概念，相反，豪华车用更加复杂的装备，提供更舒适的享受，也容易出现各种各样的问题。而且，豪华车出现故障后的维修费用也往往比较高，这时候价格没那么高的延保就显得物有所值了。

还有就是科技含量比较高的车型，尤其是电子系统比较复杂的车型。现在很多车都把控制系统完全集成在一块大的液晶屏内，但汽车恶劣的使用环境和复杂的应用场景，让电子系统出故障的可能性非常大。哪怕不是什么大问题，没有保修的护驾也会让你六神无主。

市场上的确有新车可靠性口碑不佳，但这些车能够生存下来，必然是有其他一些更有吸引力的地方来弥补。购买延保，自然可以成为你喜欢它的平衡之道。

还有一个不能忽视的问题就是，享受延保服务的附加条件很可能是你需要去 4S 店做保养。不用怀疑 4S 店对车辆的保养更加专业，但大多数车主也知道其价格也比较贵，除了购买延保服务的花费外，这部分支出也应该考虑在内。

至于出了保修期的车是应该继续在 4S 店保养，还是应该在外面保养,这就看个人的背景了。如果你对车比较熟悉,外面也有一些懂行的朋友,或者有认识的维修厂资源,在外面保养也可以做到少花钱多办事。如果你没有这种资源,老老实实去4S店保养才更放心。

33.4 总结:预估风险可不容易

延保,和汽车保险类似,主要还是一种风险规避机制。是否购买延保,取决于你对这款车的可靠性以及自己风险承受力的估计。当然,实际上你对一辆车出质量问题进行预估太难了,你只能评估自己不想承受风险的意愿。

理论上说,前5年内汽车出大故障的可能性是不大的,整车厂有自己的可靠性标准。换句话说,你想为一辆车买10年的延保,整车厂也不会卖给你。

后　记

　　这不是一本系统性介绍汽车知识的书，但却以消费者买车最常遇到的问题为主线，把作者10多年从事专业汽车媒体试车工作总结的知识点和盘托出，让你对买车背后的内容有所了解，足以让你成为选车专家。

　　如今已经进入了自媒体化的信息时代，可我总觉得信息的爆炸只是更深刻地展现了"多就是少"的一面。你为了打发时间而阅读信息时，可以尽管抱着一副娱乐化的态度，看个热闹；可当你真的需要查阅一些有用的信息时，却发现干货已经被垃圾信息的大海淹没，找干货就如同大海捞针，而且你也很难分辨哪些才是干货。

　　汽车，是个极为成熟的流水线式商品。一分钱一分货是基础，每款车都根据自己的定位有所平衡和妥协，品牌的口碑也绝不是凭空得来的。你没必要去迷信哪个品牌是完美的，所有的车都有优点和缺点，这才形成不同品牌相互竞争又相互学习的格局。

　　作为消费者，对汽车和其他所有产品的衡量，不要轻易相信广告宣传里的那些形容词，而要去比较那些有法律效力的规格数据。用数据说话，会让你的选择更简单更高效。

　　比如，汽车的工信部油耗就是一个极度被低估的数据。很多人热衷于攻击这些数据多么不真实，有被操纵的空间，但它绝对是个最具有参考价值的指标，厂家会对此负责，具有严格的测试标准，哪怕有被操纵的空间也不会很大，远比各种民间媒体和个人的所谓测试可靠得多。

　　再比如，不同媒体对一辆车的动力经常有截然相反的态度，这完全取决于视角是否客观、经验是否丰富，简单说就是很难保证它的客观性。你何不去比较厂家公布的0—100千米/时加速时间数据呢？何不去比较一辆车的最高车速数据呢？这些最能说明问题的硬指标被很多人忽略，因为自媒体不容易从中做文章而已。

　　都说中国的汽车文化还不成熟，的确如此，有多少人喜欢车会去研

买车不纠结

究它的历史和发展过程？有些车主选车还停留在尺寸大、配置高这种简单的层面，而不注重安全性、驾乘感这些更核心的内容。我总觉得，一款车到达了中型车的级别（轿车就像奥迪 A4L，SUV 就像丰田汉兰达）之后，尺寸就不是关键问题了，就算一辆公交车上只有你一个人，你不也只能坐在自己屁股下的座椅上吗？可你买车之后，长年累月要忍受它的驾乘感受，它的安全性也关系重大。

汽车正在驶向自动驾驶时代，在你还能自己开车的时代，选一辆自己真正喜欢的车，抓紧时间体会用双手双脚去驾驶一辆车的感受吧。